Eurus

Notus

治安維持法と共謀罪

内田博文
Hirofumi Uchida

Boreas

Zephyrus

岩波新書
1689

はじめに

平成の時代に入って戦前回帰の企てが顕著になっている。その象徴が二〇一二年に発表された自民党憲法改正草案である。日本国憲法は戦前回帰への防波堤として制定された。自民党草案ではこの防波堤を崩すために、日本国憲法の三大柱とされる国民主権、平和主義、基本的人権の尊重がことごとく否定されている。天皇元首がうたわれ、国防軍を創設して邦人保護や資源確保などのために国防軍を全世界に派遣すること、あるいは公益または公の秩序のために基本的人権を制限することも合憲だとされる。

問題は戦前回帰にいうところの戦前の意味である。戦前回帰の企ては戦争国家への回帰の企てだという点に注意が必要である。治安維持法にいう治安は「戦時」治安を意味するのである。

昭和に入ってからの大日本帝国の動きは大日本帝国憲法にさえも違反していた。事実上のクーデターだった。大日本帝国憲法は曲がりなりにも立憲議会制、三権分立制を採用した。議院内閣制も慣行とされていた。法律の範囲内という条件を付けたものの、逮捕監禁審問処罰を受けない自由、住所に侵入され及び捜索されない自由、信書の秘密を侵されない自由などと並んで、信教の自由、言論著作印行集会及び結社の自由なども保障していた。しかし、軍部独裁への移行の下でやがて翼賛議会となり、議院内閣制も崩壊した。治安維持法も事実上の改憲を強行する役割を担った。

治安維持法は「「ポツダム」宣言の受諾に伴い発する命令に関する件に基く治安維持法廃止等の件」により廃止された。しかし、国は面従腹背、ＧＨＱの指示に従って治安維持法を廃止しても、敗戦に伴う大混乱を口実に治安維持法の下で生み出された諸制度を新刑事訴訟法の規定の中に潜り込ませた。

治安維持法下の諸制度は、「戦時の衣」を「平時の衣」に着替えることによって例外の制度が原則の制度に逆転し、むしろ拡大されることになった。大日本帝国憲法にさえ違反していたこれらの諸制度はもちろん日本国憲法に違反していた。しかし、国はその合憲化を図った。戦前同様、裁判所がこの合憲化に大きな役割を果たした。これには、治安維持法の逸脱適用を実際に差配した思想検事が裁判官と同じく公職追放されることなく、名称を公安検事と変えて法曹界の中枢に居座り続け、なかには最高裁判所判事となって司法政策を牽引した者も出たことが大きかった。

日本国憲法に明らかに違反する諸制度が日本国憲法下の制度として存在する。頭は変わったが頭から下はあまり変わっていない。この大いなる矛盾が戦後の日本の民主主義と法制度の特徴であった。しかし、多くの人は日本国憲法の制定によって戦前と戦後は切断されたと考え、日本国憲法があるからその頭の下もすべて憲法適合的な状態にあると信じてきた。治安維持法についてももはや過去のことだとして風化させてきた。治安維持法はアカ対策だという国のプロパガンダが戦後も見直されることはなかった。

これには戦後、戦時法制を含む戦時体制とその担い手についての検証がほとんど行われなかったことが大きい。それは治安維持法についても同様であった。検証は一部の研究者により細々と行われてきた。それももっぱら歴史学や政治学などにおいてであった。戦後の法学界が治安維持法の研究に関心を示すことはなかった。法学における検証は一部を除けば乏しい状況が続いてきた。戦後の刑法学がこの議論に加わることも一部の研究を除けばほとんどなかった。法曹は治安維持法の「生みの親」であり「育ての親」であったが、治安維持法の検証の対象が法曹界に及ぶこともなかった。

韓国では治安維持法の犠牲者を愛国者として表彰し、犠牲者に対し年金を支給しているという。しかし、日本ではいまだ犠牲者の名誉回復、被害救済は実現していない。社会的のみならず法的にも有罪状態は今も続いている。治安維持法下の最大の言論弾圧事件とされた横浜事件の再審公判で裁判所が言い渡したのは、有罪判決の一種の免訴判決であった(二〇〇六年)。

治安維持法は遠い昔の話で今の私たちの生活とはもはや無関係だ。このような声がしばしば聞こえてくる。しかし、果たしてそうだろうか。日本国憲法に明確に違反する諸制度が日本国憲法下の制度として存在する。この大いなる矛盾が今や日本国憲法を全面改正することによって解消されようとしている。共謀罪という名の平成版の治安維持法も制定された。世界からの忠告に日本政府が耳を傾けようとしない点も戦中と似てきている。

武力による問題解決に突っ走り、世界的にますます孤立するなか、治安維持法の一九四一年改正から四年後に日本は敗戦を迎えた。おびただしい犠牲者を出し、国家・社会は破滅を迎えた。私たちが真に恐れるのはこのような過去が再来しないかである。

そうならないためにも、戦後の大いなる矛盾も含めて治安維持法の検証を本書で試みたい(そのため、読みやすさを考え、引用においては旧字・旧かなは新字・新かなに、カタカナ表記はひらがなに一部改めるなどした)。この検証を活かして、二十一世紀の日本が戦後に積み残された諸課題に対しさらなる改革に向かうことができればというのが本書の願いである。

目次

第一章　拡大し続ける規制

1　治安維持法の制定――大正十四年

治安維持令

過激社会運動取締法案が廃案となった翌年の一九二三（大正十二）年九月一日午前、関東大震災が発生した。死者・行方不明者は一説では一四万二八〇七人に達したとされる。翌二日夜、第二次山本権兵衛内閣が発足し、直ちに戒厳令が施行された。被災地では朝鮮人が来襲するとの流言が広がり、自警団による朝鮮人殺傷事件が発生した。警察や軍も殺傷に手を染めたといわれる。司法省は緊急勅令を公布して流言蜚語を取り締まろうとした。司法大臣の田健治郎は緊急勅令の立案を部下に命じた。起草された「治安維持ノ為ニスル罰則ニ関スル件」（以下、治安維持令）は「出版、通信其ノ他何等ノ方法ヲ以テスルヲ問ハス暴行、騒擾其ノ他生命、身体若ハ財産ニ危害ヲ及ホスヘキ犯罪ヲ煽動シ、安寧秩序ヲ紊乱スルノ目的ヲ以テ治安ヲ害スル事項ヲ流布シ又ハ人心ヲ惑乱スルノ目的ヲ以テ流言浮説ヲ為シタル者ハ十年以下ノ懲役若ハ禁錮又ハ三千円以下ノ罰金ニ処ス」という内容であった。枢密院の諮詢を経て同月七日、天皇の裁可を得て勅令第四〇三号として公布された。

緊急勅令は直近の議会で承諾を得る必要があった。政府は本勅令の「承諾を求むる件」を第四十七帝国議会に提出した。貴族院本会議では異議なく承諾を与えることと決せられた。送付された衆議院の質疑で注目されたのは横山勝太郎議員の反対理由であった。「人民を威嚇するような立法を為すことは、この場合適当な処置とは言えないと考えます」「何も大阪とか神戸の方面における犯罪まで範囲を拡張して、これを施行する必要はないと思います」などというものであった。高柳覚太郎議員、南鼎三議員も反対の討論を行った。しかし、十二月二十二日、衆議院でも賛成の起立多数で承諾を与えることと決せられた。

成立した治安維持令は過激社会運動取締法案を彷彿とさせるものがあったが、司法省と内務省からは適用を限定するようにとの指示が出された。一九二四(大正十三)年末までの治安維持令の適用は二〇件にとどまった。

結社規制法として治安維持法を制定

治安維持法はこの治安維持令に代えて、一九二五（大正十四）年に制定された。加藤高明内閣により法案は第五十帝国議会に緊急上程された。弁護士出身の小川平吉司法大臣と若槻礼次郎内務大臣が法制定を牽引した。衆議院で一部修正の上で可決、貴族院に送られた。貴族院でも同年三月十九日の本会議で可決され、成立した。過激社会運動取締法案のときと異なり、治安維持法案に対して貴族院が反対するということは特になかった。同じ「治安維持」という言葉を用いていたが、治安維持法と治安維持令とは内容が大きく異なっていた。治安維持令は言論等規制法だったのに対して、治安維持法は結社規制法だったからである。成立した法案の内容は、次のようなものであった。

第一条　国体ヲ変革シ又ハ私有財産制度ヲ否認スルコトヲ目的トシテ結社ヲ組織シ又ハ情ヲ知リテ之ニ加入シタル者ハ十年以下ノ懲役又ハ禁錮ニ処ス

前項ノ未遂罪ハ之ヲ罰ス

第二条　前条第一項ノ目的ヲ以テ其ノ目的タル事項ノ実行ニ関シ協議ヲ為シタル者ハ七年以下ノ懲役又ハ禁錮ニ処ス

第三条　第一条第一項ノ目的ヲ以テ其ノ目的タル事項ノ実行ヲ煽動シタル者ハ七年以下ノ懲役又ハ禁錮ニ処ス
第四条　第一条第一項ノ目的ヲ以テ騒擾、暴行其ノ他生命、身体又ハ財産ニ害ヲ加フヘキ犯罪ヲ煽動シタル者ハ十年以下ノ懲役又ハ禁錮ニ処ス
第五条　第一条第一項及前三条ノ罪ヲ犯サシムルコトヲ目的トシテ金品其ノ他ノ財産上ノ利益ヲ供与シ又ハ其ノ申込若ハ約束ヲ為シタル者ハ五年以下ノ懲役又ハ禁錮ニ処ス情ヲ知リテ供与ヲ受ケ又ハ其ノ要求若ハ約束ヲ為シタル者亦同シ
第六条　前五条ノ罪ヲ犯シタル者自首シタルトキハ其ノ刑ヲ減軽又ハ免除ス
第七条　本法ハ何人ヲ問ハス本法施行区域外ニ於テ罪ヲ犯シタル者ニ亦之ヲ適用ス

治安維持法は四月二十二日に公布され、五月十二日に施行された。治安警察法(明治三十三年法律第三六号)も存続されたので、以後、両者は補い合いながら威力を発揮した。出版法や新聞紙法による出版物の取締りも従前と変わりはなかった。

この法制定は治安維持法の歩みからみると、ホップ・ステップ・ジャンプのうちのホップの段階に該当した。今回は点であったが、以後、一から一〇〇へ、そして一〇〇から一万へと拡

がり、面となって日本全体、そして植民地を覆い尽くした。

議会での反対論

衆議院では野党議員だけではなく与党議員からも疑問が提起された。疑問は多岐にわたった。その主な疑問の第一は、思想の取締りは思想をもってやるべきではないか(吉田眞策)、私有財産制の合法的な改廃を禁ずる立法を持つ国はない(清瀬一郎)、国民生活よりも権力維持を優先しているのではないか(横山金太郎)、過激社会運動取締法案よりも悪法ではないか(湯浅凡平)、知識階層に不安を与える法律は国を亡ぼすのではないか(武藤山治)、などというものであった。「思想の動揺を来した主たる原因は、過去幾十年間にわたる我が政治が国民経済を誤った為であると思うのであります。故に今日の思想の動揺を防がんとせば、吾々は先ずその根本に遡って我が国の不経済なる政治の上に一大革新を加えねばならぬと思うのであります」(武藤)など、失政による人々の不満を力で抑えつけるのは疑問で、まずは失政を改めるべきではないかとの批判も寄せられた。

主な疑問の第二は憲法との関係についてで、憲法の逆転ではないか(田渕豊吉)、憲法改正も処罰されないか(杉浦武雄)、院外で憲法変更を準備することも当然の政党活動に含まれるのではないか（前田米蔵）、などというものであった。「立憲国においては立法は何でもやって何等の差支はない。……これを信頼せぬと云うことは議院政治を破壊するものであって、……この案自身が政体を変革しつつある」（清瀬）という鋭い指摘も示された。

主な疑問の第三は、なぜ刑法改正ではなく治安維持法か（原夫次郎）、刑罰が重すぎないか（原）、などというものであった。

主な疑問の第四は濫用の危険についてで、本法ははなはだ不明確ではないか（禱苗代）、濫用の危険は明らかではないか（原、坂東幸太郎）、学問の自由を阻害するのではないか（星島二郎）、無政府主義・共産主義の定義はどのようなものか（星島）、などというものであった。

そこから、法案には徹頭徹尾反対する（本田義成）、立憲制にとって有害であり法案を撤回すべきではないか（清瀬）、との質問もみられた。貴族院でも徳川義親議員から反対があった。理由は陛下の無辜の民を傷つけないかというものだった。

濫用の恐れはないと嘘の大臣答弁

「国体変革」とか「私有財産制度否認」などという言葉を条文で用いた理由について、政府は議員からの質問に対し次のように答弁した。

「法文としては無政府主義はいけぬ、共産主義はいけぬと書いたのでは言葉が明確でない。故に、国体もしくは政体を変革する、私有財産制度を否認すると云う言葉を用いなければならぬので、本法の如く致してある。けれども極く俗解りになるように説明すると云うと、上の方は無政府主義、下の方は共産主義と云う意味であります」(若槻礼次郎)

治安維持法の主たる対象は無政府主義者や共産主義者だ。しかし、条文で「無政府主義」とか「共産主義」などの言葉を用いた場合、別の政党名に変えられると取締りができなくなる。そこで「国体変革」とか「私有財産制度否認」とかの融通無碍な言葉を用いて無政府主義者や共産主義者の取締りにあたることにした。こういうわけである。当該結社等が「国体変革」や「私有財産制度否認」に当たるかどうかは検察官(思想検事)がもっぱら判断にあたることになった。

このような曖昧な概念を用いると濫用の恐れがあるのではないかという質問に対する司法大臣の答弁は、「思想を圧迫するとか研究に干渉するとかはあり得ない」「善良な国民、普通の学者であり研究者というものに何ら刺激を与えるものではない」(一九二五(大正十四)年三月十一日貴族院本会議)などというものであった。しかし、虚偽の答弁だということはその後、直ちに明らかになった。思想検事による逸脱適用、そして大審院によるその追認を通じて濫用が常態化されていった。

治安維持法の政党への適用に当たり、院内活動か院外活動かは基準になるかという点にかかわって、「私有財産の制度の根本を否定するところの政党というものは、警察関係において公認すべき政党になるとは思わぬのでありますが、また、仮に警察関係が認許しても、本法においてかくのごときものの存在を許すべからざるものと思います」と答弁され、院内活動か院外活動かを問わず取締りの対象にするとされている点も注目される。事実上のクーデターともいえたからである。

共産党その他の非合法左翼政党が取締り対象

当局は治安維持法を制定したものの、適用対象を探しあぐねていた。適用対象や適用時期について具体的な目途を立てていたわけではなかった。第一次共産党が一九二二(大正十一)年七月に結成されたものの、治安警察法などによる弾圧を受け、一九二四(大正十三)年三月、組織内部から解党論が提起されて既に解党してしまっていたからである。その後、共産党(第二次共産党)は一九二六(大正十五)年十二月、山形県の五色温泉で再建大会(第三次党大会)を開くが、これも一九二八(昭和三)年三月、一道三府二七県で党員の一斉検挙(第二次共産党事件=三・一五事件)が行われ、党は壊滅的な打撃を受けることになった。検挙は労農党や日本労働組合評議会、全日本無産青年同盟にも及んだ。大正中葉まで反体制運動の中で一定の役割を果たしていたアナーキスト等も治安維持法が成立した頃には急速に勢力が衰えていた。

このような時に京都学連事件が起こった。この「泰山鳴動ねずみ一匹も出ぬ有様に府警部の焦燥深し」と報じられた京都学連事件に着目したのが司法省であった。治安維持法事件に仕立て直して治安維持法を初適用すべく検討を開始した司法省は、翌一九二六(大正十五)年一月十五日、治安維持法の初適用に踏み切った。一月以来、四か月にわたって、思想検事の平田勲(東京検事局)の指揮のもとに、各府県警察部特高課を動員して記事報道を差し止めた上で全国の社会科学研究会員の検挙が実施された。検挙の対象は京都府内にとどまらず、全国に広げられた。社研に関係があると見なされた京都大学の河上肇や同志社大学の山本宣治、河野密、関西学院大学の河上丈太郎ら大学教員に対しても家宅捜索がなされた。山本は捜索を理由に同大を免職となった。検挙された学生のうち三八名は治安維持法違反、出版法違反および不敬罪で起訴された。ただし、治安維持法の想定する本来の事件でなかったことから、治安維持法第一条による起訴は見送られた。

一九二七(昭和二)年五月の京都地裁による第一審判決では、出版法違反および不敬罪については特赦とされたが、治安維持法違反では三七名に禁錮一年以下などの有罪が言い渡された。一九三〇(昭和五)年五月、大審院による上告棄却により有罪および量刑が確定した。これが第二次京都学連事件といわれるものであった。

ホップ期の大審院判決・決定

国内において治安維持法が初めて適用されたのは前述したように一九二六(大正十五)年の京都学連事件に対してである。その上告審判決は少し遅れて一九三〇(昭和五)年五月二十七日に下されている。また、いわゆる北海道旭川集産党事件についても一九二九(昭和四)年四月三十日に大審院判決が言い渡されている。治安維持法第一条の「私有財産制度の否認」の罪が適用された。更に、いわゆる三・一五事件に関連して検挙された北海道共産党事件についても一九二九(昭和四)年五月三十一日および十月二十二日に大審院判決が、他方、名古屋共産党事件についても一九三〇(昭和五)年二月二十一日に大審院判決が言い渡されている。

一九二九(昭和四)年五月三十一日の判決の事案では「国体の変革」の罪が適用されて起訴された。「帝国に無産階級独裁の政府を樹立せんとするが如きは即、国体の変革を企図するものと云うべし」というのがその理由であった。これに対し、弁護人は違法とされる「国体」の学理上の意味は明らかに伝統的風俗習慣道徳というところにあり、このような意味の「国体」は変革することが不可能であり、「国体の変革」を目的とする行為は絶対的不能犯で、「絶対的不能の事実」を目的とする行為を断罪の対象とすることはできないと主張した。原審で弁護人の主張が退けられたことから上告がなされた。大審院が原審の法解釈および法適用に「お墨付き」を与えるのか、あるいは被告人・弁護人の主張を支持するのかが注目された。

大審院も政府の意向に沿った解釈を行った。「国体の変革」の罪が成立することは「多言を要せざるところ」として、弁護人の主張を退けた。しかし、なぜ「多言を要せざるところ」なのかについて理由が示されることはなかった。わずかに理由らしきものとしては「我帝国は万世一系の天皇君臨し統治権を総攬し給うことをもってその国体と為し」という点が挙げられている。ただ、これも「天皇君臨し統治権を総攬し給うこと」と「無産階級独裁の政府を樹立せんとする」こととの関係如何については何ら検討されるところはない。ここでも初めに結論ありきの感が強い。

2　緊急勅令という禁じ手——昭和三年改正

取締り対象の拡大

ホップ・ステップ・ジャンプのうちのステップの段階に該当したのが一九二八(昭和三)年の緊急勅令「治安維持法中改正ノ件」(以下、「昭和三年改正治安維持法」)であった。満州事変に先立って法改正が行われた。戦争の拡大に照応した。前年四月に組閣した政友会の田中義一は司法大臣に在野法曹の雄の原嘉道を抜擢し、この法改正にあたらせた。閣議決定された改正法律案はすぐに第五十五特別議会に提出された。しかし、第五十五特別議会が一九二八年五月七日に閉会となったために法案の審議は衆議院の委員会での質疑の途中で終わり、廃案となってしまった。

それでも原は法改正をあきらめなかった。次に彼が着手したのは緊急勅令という形で改正することであった。どうしても治安維持法を改正したいというのであれば次の議会の開催を待ってその実現を図るというのが憲政の常道であった。しかし、原は議会で審議未了、廃案となった改正法律案をほとんどそのままそっくり緊急勅令という形で成立させるという異常な道をあえて選択した。これには政府・与党内でも異論が少なくなかったが、原たちの態度は強硬であった。在野法曹もこれを支持した。閣議決定された緊急勅令案は六月十二日、枢密院に諮詢し、枢密院は二十八日に賛成多数で可決した。緊急勅令は翌二十九日に勅令第一二九号として公布され、即日施行された。

再び法律案という形で議会に提出すると反対にあって廃案になる危険性がある。緊急勅令という形で公布して既成事実化しておけば議会といえども承認せざるを得ないだろう。このような思惑から重要な改正が緊急勅令という形で行われた。本改正によって取締り対象は一から一〇〇に拡大することになった。

治安維持法違反の罪の変質

本改正の主な点は、第一に「国体変革」結社の罪と「私有財産制度否認」結社の罪が分離されたことである。「国体ヲ変革スルコトヲ目的トシテ結社ヲ組織シタル者又ハ結社ノ役員其ノ他指導者タル任務ニ従事シタル者」に選択刑として死刑・無期刑を規定するためであった。そのために治安維持法違反の罪は思想的内乱罪、思想的外患罪だということが強調された。刑法では内乱罪および外患罪(外患誘致罪・外患援助罪)に死刑が規定されていた。それまでは刑法と治安維持法とは違うと言っていたのに、今回は刑法で死刑が規定されているから治安維持法でも死刑を規定し得ると説明された。治安維持法違反の罪の性格が大きく変わることになった。ころころ変わるというのが治安維持法についての政府答弁の特徴であった。「私有財産制度ヲ否認スルコトヲ目的トシテ結社ヲ組織シタル者、結社ニ加入シタル者」は従前通り一〇年以下の懲役または禁錮とされた。

第二は、「国体変革」結社についても「私有財産制度否認」結社についても、「結社目的遂行行為の罪」が新たに付け加えられたことである。「国体変革」結社の目的遂行の為にする行為を為したる者は二年以上の有期懲役または禁錮に、また、「私有財産制度否認」結社の目的遂行の為にする行為を為したる者は一〇年以下の懲役または禁錮に処することにされた。共産党はほとんど活動が休止状態にあったために、合法左翼政党や労働組合などを共産党の「外郭団体」と称してこの結社目的遂行行為の罪で取り締まることが目的であった。以後、治安維持法違反の罪はほとんどがこの罪で問擬《もんぎ》されることになった。団体活動が結社の目的遂行行為にあたるかどうかも検察官(思想検事)が判断することになり、超拡大適用された。思想検事が「外郭団体」だと考えれば、実体がなくても「外郭団体」とみなされ、結社目的遂行行為の罪で問擬された。

帝国議会での審議

緊急勅令という形式をとったことの是非については厳しい質問が飛んだ。「天皇陛下の御大典、御即位の大礼が行わせらるる時に、国民を威嚇して、秘密結社をすれば死刑にされると云うことを発布するのは、上御一人の聖徳を傷つける所以であると謂わなければならぬ。緊急勅令をもって警察取締の具に供しては相済まぬのであります」(武富済)といった批判がそれであった。

衆議院特別委員会で社会政策の不在も問題とされた。「巨額なる所の国費をば無益なる方面に濫用して、これが為に他の一方におきましては、多数の国民の生活を保障する所の、所謂社会政策と云うものは少しも行われぬのであります。……これでは国民の思想が悪化せざるを得ない。……悪化するのが当然であると思う。……この際において政府も政党も思切って徹底的の処置をやる必要があると私は思いますが、これに関する総理大臣の御所見は如何なものでありましょうか」(斎藤隆夫)、「司法当局と致しては、この策源地《さくげんち》の方面に向って何か抜本塞源《そくげん》の方策を講ぜられたことがあるか否や、この点を御伺致して置きます」(原夫次郎)などの質問がそれであった。

委員会の質疑で特筆されるのは水谷長三郎の質問であった。この質疑により、共産党の「外郭団体」の取締り、水谷の表現を借りれば「名を共産党征伐に藉《か》りた左翼運動の征伐」という政府の法改正の意図がより明らかになったからである。それ故、政府には改正法律案中の法文の非常に抽象的で曖昧な概念を限定解釈しようというような態度は少しもうかがわれなかった。開き直り、議会への責任転嫁の答弁が繰り返された。問答無用の答弁も目立った。

衆議院本会議では斎藤隆夫、内ケ崎作三郎、水谷長三郎が反対の討論を行った。憲法違反で刑罰の目的にも反するというのが斎藤の反対理由で、内ケ崎の反対理由は改過《かいか》遷善《せんぜん》の機会を奪う死刑には反対だというものであった。水谷の反対討論は治安維持法はそもそも廃止すべきだという立場からなされた。

しかし、貴族院では特別委員会でも本会議でも反対意見は見られなかった。賛成意見ばかりで本会議でも全員一致で賛成とされた。議会は翼賛議会の色を帯び始めていた。

懸念された事態の出現

一九二八(昭和三)年の三・一五事件による一斉検挙、そして三・一五事件から翌年の四・一六事件までの間になされた一連のいわゆる中間検挙、さらには四・一六事件による一斉検挙によって日本共産党は手ひどい打撃を受けた。その後も検挙は続き、治安維持法違反による逮捕者は五〇〇〇名弱に上った。そのうち四〇〇名弱が起訴された。

一九二九（昭和四）年十月二十四日にニューヨーク証券取引所で株価が大暴落したことを契機として発生した世界恐慌は翌三〇（昭和五）年に入ると日本に深刻な影響を及ぼし始めた。労働運動、農民運動はかつてないほどに高揚した。このような高揚を背景に、日本共産党に対する大規模な一斉検挙が二月頃から翌三一（昭和六）年六月頃にかけて行われた。党員はもとよりフラクション（党から他の組織に送り込まれた党支部組織）、資金提供者にも検挙が及んだ。文化運動などの外部組織の関係者も検挙された。当局は党組織の周辺にいるシンパを叩く行動に出た。「左傾」教授なども結社目的遂行行為の罪で逮捕された。

この時期には中央の共産党と直接関わりのない地域的な社会主義団体や個人の活動も治安維持法違反や治安警察法違反として摘発されている。これらの活動の大部分はサークル活動に過ぎなかったが、治安維持法の標的にされ始めた。ただ、これらはあくまでも共産党の壊滅を図るという観点からなされた付随的な検挙で、一九三三（昭和八）年の後半以降にみられるような「外郭団体」の検挙とは異なった。三三年後半以降になると、「外郭団体」そのものの鎮圧を目的とする検挙へと大きく変容するからである。

党そのものよりもその周辺部分の方が活動分野も広く関係する人も多いことから、この変容により治安維持法はそれまで以上に活動分野を広げることになった。治安維持法に導入された結社目的遂行行為の罪がこの変容を可能とした。これら周辺団体をもって党の結社目的遂行団体と認定したうえで、周辺団体の個々の活動をもって党活動との関係を問うことなしに治安維持法第一条にいう「結社ノ目的遂行ノ為ニスル行為ヲ為シタル者」と認定して取り締まるという方法がそれであった。

日本共産党は国体変革結社

一九二八(昭和三)年の三・一五事件と治安維持法の改正は治安維持法の解釈に大きな影響を与えることになった。三・一五事件で検察は日本共産党をもって国体変革を目的とする結社と定義した。そして、この「結社」概念は判例によって承認されるところとなった。日本共産党旭川グループに対する一九二九(昭和四)年五月三十一日の大審院判決で、「帝国に無産階級独裁の政府を樹立せんとする」こと、すなわち「プロレタリア独裁」は「国体変革」であるという解釈が確定された。以後、ほとんどの事件では被告人と共産党の関係が推測されて「国体変革」の罪が適用された。

治安維持法の起訴理由は第一条に集中し、協議罪や煽動罪は形骸化することになった。これも大審院判決によって拡大適用にお墨付きが与えられた結社目的遂行行為の罪も本格的に活用されることになり、共産党以外の者の検挙に猛威を振るうことになった。治安維持法の拡大適用は政党内閣の時代に準備され、大審院判例によって牽引された。治安維持法の拡大適用に果たした法曹の役割は大きかった。

より顕著となった裁判所の法理

この期になると、治安維持法違反被告事件の処理が一定程度累積したことから裁判所が用いる法理の内容が明らかになっている。

弁護人は懲戒請求権を検察官に握られていたために、弁護活動を法廷内のそれも手続的な要求、争いに限局せざるを得なかった。被告人にはそのような制約がなかったことから勇敢にも治安維持法を真正面から批判する者も現れた。この悪法批判に対して大審院が採用した法理が「悪法も法で、国民には服従義務がある」というものであった。「我日本臣民たる者は何人といえども、現行法律に服従すべきものにして、これを否定することは国法の許さざる所なれば、この服従義務を否認する論旨は到底、上告理由とならず」とされた。

弁護人が「全国民の圧倒的多数が正当なりとして要求するところをそのまま行為したることが法律上の犯罪として処罰されると云うことは到底、全国民の名において正当なりと認めることは出来ない」などとして上告したのに対しても、大審院は「いやしくも、刑罰の制裁を付して禁圧したる行為を敢えてしたる者は、その為したる行為の内容がよしや所論の如く、日本全国は勿論、朝鮮、台湾においても、全人民の圧倒的多数、労働者階級、勤労農民、全労苦大衆の叫びとして行われるものなりとするも、その行為の違法性を阻却すべき謂われあることなし」と判示された。

3 改正の放棄と拡大解釈——昭和九年および十年

二度、改正法律案を議会に提出

司法省と内務省は一九二八(昭和三)年の改正に続いて一九三四(昭和九)年と翌三五年の二度、治安維持法改正法律案を帝国議会に提出した。

日本共産党を支援する「外郭団体」を取り締まることが改正の目的の一つであった。結社目的遂行行為の罪を個別に適用するよりも、「外郭団体」それ自体を治安維持法違反の結社と認定してメンバーを一網打尽にした方がはるかに効率的だということから改正が図られたものである。改正法律案では、国体変革結社を支援することを目的として結社を組織したる者または結社の役員その他指導者たる任務に従事したる者は、無期または五年以上の懲役に処し、情を知って結社に加入したる者または結社の目的遂行の為にする行為を為したる者は、二年以上の有期懲役に処する（第四条）などとされた。

一九三一（昭和六）年以降、治安維持法の検挙者数が激増したことから公判審理を迅速にするために刑事手続に特例を設けるとともに思想犯の改悛を促すためにいわゆる転向政策を盛り込もうとしたことがもう一つの目的であった。新たに「第三章　刑事手続」「第四章　保護観察」「第五章　予防拘禁」が置かれた。

治安維持法の改正を促した裏の要素として国家主義運動が絡んでいたことも見逃せないとされる。国家主義運動は一九三〇（昭和五）年四月のロンドン海軍条約の締結をきっかけに高揚した。同年十一月には浜口雄幸首相が右翼に狙撃されて重傷を負う事件が発生した。一九三一（昭和六）年九月、関東軍が中国の東三省（現東北三省）を制圧する満州事変が勃発すると、事変に呼応して若槻礼次郎首相を暗殺して荒木貞夫陸軍中将を擁立しようとする十月事件が発生した。ここに至って内務省は右翼対策に乗り出したが、遅きに失した感があった。一九三二（昭和七）

年には陸海軍の軍人が犬養毅首相を暗殺するという五・一五事件が発生した。政党内閣の時代は終焉を迎えることになった。

改正の主なポイント

改正の主なポイントとされたのは次の七点であった。

①国体変革の罪に重い刑を科すこと
②国体変革を目的とする結社を支援する結社などに対する罰則を設けること
③個人の宣伝や言論も取り締まれるように国体変革に関する宣伝罪を設けること
④裁判所の令状がなくても被疑者を勾引・勾留できるように検事の強制捜査権を認めること
⑤思想犯罪に長けた裁判所で迅速な審理を行えるように事件の管轄を別の裁判所に移転することを認めること
⑥社会に復帰した思想犯に転向を促すとともに再犯を防止することを目的として起訴猶予の者と執行猶予の者を対象に一定の期間、保護を名目とした観察を行えるように保護観察制度を設けること
⑦非転向者を社会から隔離することを目的として、国体変革に関する罪の刑期終了者のうち

再犯のおそれがある者を施設に拘禁し得るように満了者予防拘禁制度を設けること司法省の本命は、転向政策に関わる⑥と⑦であった。

昭和九年改正法律案の審議

一九三四(昭和九)年の改正法律案は第六十五議会に提出され、まず衆議院に付託された。時の司法大臣は、検事総長時代には京都学連事件に対して私有財産制度否認を理由とした治安維持法の初適用の指揮に当たり、平沼騏一郎、鈴木喜三郎から小山松吉へ、そして塩野季彦へと至る思想検事の系譜を作った小山松吉であった。

衆議院の質疑では共産主義、社会主義に対する政府の硬直した態度が目立った。「唯共産党の「シンパ」として共産党に加入した、何等行動も執って居らぬ、共産党に加入しただけで、こう云う恐ろしい無期懲役に処せられると云うことは分に過ぎては居らぬかと心得て居るが、その点司法当局の御意見如何ですか」(松谷與二郎)という質問に対し、政府の答弁は従前通り共産主義、共産党の恐怖を声高に語るだけであった。

昭和三年治安維持法改正緊急勅令についての帝国議会の質疑と大きく異なったのは極右運動の取締りを訴える議員が出てきた点であった。「司法大臣はこの提案の御説明の中に、一言半句、極右の団体の行動に対しまして、御説明のなかったことを私は甚だ遺憾に考える。……極右の団体の行動が、今日非常に猛烈になって参りまして、……非常に深憂を禁ずることが出来ない問題である。……我国に独裁専制の政治をしかんとして居るこの一部の人達に対して、何故今少し徹底的に弾圧の手段を御考えにならないのであるか」(久山知之)などの質問がそれであった。軍人ないし在郷軍人の政治的な動きを取り締まる必要があるのではないかといった質問も散見された。

この訴えに対する政府の反応は鈍かった。十分に取締りをしていますし、今後も取締りをしますと一応は答弁されるものの、実際には取締りは難しいとして、「立法の技術上において書《かき》方《かた》に困難を致します。……それからもう一つは……、治安維持法と云うものは右傾に対する取締なり、また、罰則を書かないことになって居ったのでありますから、それでその規定(右傾団体の取締規定—引用者)を置かなかったのであります」(小山司法大臣)などの答弁を繰り返すだけであった。軍人ないし在郷軍人の政治的な動きについても大丈夫だというのが政府の答弁であった。

衆議院では一部修正のうえ可決され、貴族院に送付された。貴族院でも質疑は国家主義者による暴力行為の取締り問題に集中した。検事への強制処分権の付与、保護観察や予防拘禁の新設についても衆議院と同様、疑問だとの発言が見られた。小委員会では予防拘禁の部分を全部削除するという異例の修正案が可決された。

両院協議会が開催されたが、内務省も司法省も不本意な修正案を受け入れるくらいなら廃案にした方が良いと考えた。政府は会期を延長せず、議会は閉会となり、法案は廃案となった。

昭和十年改正法律案の審議

内務省と司法省は翌一九三五(昭和十)年、治安維持法改正法律案を再び第六十七議会に提出した。しかし、会期末まで二〇日間しか時間がなかった。しかも、議会は天皇機関説事件の真っただ中にあった。提出された法律案からは「予防拘禁」の部分が落ちていた。右翼に対する取締り規定は、治安維持法とは別の法律案として提出することにされた。同年三月、「不法団結等処罰ニ関スル法律案」が閣議決定され、治安維持法改正法律案はこの不法団結処罰法律案と併せて議会に提出された。

右翼取締りの法規を別法にしたことには格別の意味があった。治安維持法の性格をあくまでも「共産主義」「社会主義」の取締法とすることによって一般刑法の原則の適用外とするとともに、保護観察や予防拘禁といった多分に疑義のある制度の創設も治安維持法違反者だけを対象とした「非常の特例措置」と説明することによって正当化を図るという点が、それであった。

議会への配慮が示されたことから治安維持法改正法律案を議会が成立させる可能性が高まったかというと、必ずしもそうではなかった。議会提出の時期が遅いだけでなく、当時の岡田啓介内閣は民政党・昭和会等を与党としており、衆議院の過半数を占める政友会が野党に回っていたために法律案が成立する見込みは薄かった。昭和十年治安維持法改正法律案も衆議院の委員会段階で審議未了となり廃案となった。

衆議院委員会で大きな論点とされたのは検事に強制処分権を付与する問題であった。人権蹂躙を防止するために予審の取調べに弁護士が立ち会うことにするための法改正をすべきではないかとの発言も見られた。議員発言のレベルは総じて高いものがあった。しかし、昭和三年治安維持法緊急勅令の議会審議とは明確に異なる状況が議会に生まれていた。原則として反対だというような発言はもはや見られなかった。改正の方針には原則的に賛成だが、濫用による人権蹂躙等について何らかの手当てを政府に求める。このようなことが多くの議員の態度であった。

第六十五議会においてと同様、改正法律案を議会に提出したものの、是が非でも法律案を制定させるという意欲を政府は有していなかった。既存の治安維持法の拡大適用で賄えると考えためであった。政府は保護観察も治安維持法とは別の思想犯保護観察法で対処するという方針を立て、思想犯保護観察法の制定を目指した。転向政策に必要な法案として思想犯保護観察法律案が一九三六(昭和十一)年の第六十九議会に提出された。思想犯を対象とした保護観察制度は日本では初めてであった。思想犯保護観察法律案は議会で可決され、同年五月二十九日、法律第二九号として公布された。

法改正挫折後に進んだ著しい拡大適用

日本共産党の弾圧という目標との関係で実行された外郭団体の取締りは一九三四(昭和九)年の段階でほぼ完了した。それ以後は外郭団体それ自体の取締りへと変質することになった。この変質は治安維持法自体をも大きく変質させていくことになった。反ファシズム統一戦線に関わりのある組織や運動に対して適用されていくことになるからである。

当時の実情に照らしても、日本の反ファシズム統一戦線なるものは日本共産党の活動でも党を支援する活動でもなかった。市民的自由を守り、民主主義を擁護しようとする運動であった。その組織も多くは結社というよりはグループに過ぎず、小規模で集団性も緩やかなものであった。何よりもこれまでは合法とされてきた運動であった。このように合法的な手段を用い、合法的な舞台で繰り広げられる活動が治安維持法の適用を受けることになった。

ただし、治安維持法を適用するためには違反の理由を仕立て上げなければならなかった。裁判所がこの仕立て上げに協力した。たとえば、「国体の変革ならびに私有財産制度の否認を目的とする結社の拡大強化を目的とする団体の存在する場合において、その結社および団体の組織および目的を認識しながらその団体の目的に属する活動を為すときは、たとえ、結社と有機的に関係の連絡を有せざるときといえども、その行為は治安維持法第一条に所謂、結社の目的遂行の為にする行為に該当する」といった一九三三(昭和八)年九月四日の大審院判決にみられる論法がそれであった。

この新しい方針のもとに一九三六(昭和十一)年七月、いわゆる講座派の学者、山田盛太郎、平野義太郎、小林良正らが検挙された。いわゆるコム・アカデミー事件である。コム・アカデミーという名称はソビエトにおける「コム・アカデミー」の役割と同一視して当局によって命名されたものであった。

人民戦線事件においても、社会主義団体および個人に対し治安維持法が向けられた。一九三七(昭和十二)年十二月十五日明けがた、日本無産党、全評(日本労働組合全国評議会)およびこれらの理論的指導者と目された労農派グループの関係者四一七名が全国一八府県で一斉に検挙された。

同様に日本共産党と無理やり結びつけられ、党の外郭団体に仕立て上げられたのが一九三二(昭和七)年十月に創立された唯物論研究会であった。一九三八(昭和十三)年十一月末、当局は突如として研究会関係者一三名を一斉に検挙した。この検挙は全国的な規模で行われた。大衆文化組織を潰すことによって、こういう組織に依拠して勉強しようとする広範な市民・学生をも弾圧した。この唯物論研究会もそれ以前は合法的な組織であった。当局においても日本共産党の外郭団体と立証し得ないところの存在であった。それにもかかわらず、当局の方針が変わり、治安維持法が適用されることになった。

一九三〇年代後半に入ると治安維持法が宗教弾圧のために顕著に用いられた。「類似宗教」取締りがこれである。満州事変からファシズム期に近づくにつれて世相の混迷、社会不安の増大などを背景として民衆の間に宗教に対する要望と期待が高まった。国家権力としてはこれに対し何らかの統制を加える必要を感じることになった。一九三五(昭和十)年末、まず皇道大本教団への大弾圧が実行された。これまでの宗教取締りは不敬・詐欺・猥褻・殺人・傷害等、刑法上の処罰規定を根拠にして行われてきたが、大本事件では不敬罪のほかに治安維持法第一条が使われることになった。

4　新治安維持法——昭和十六年改正

事実上の新法

ホップ・ステップ・ジャンプのうちの最後のジャンプの段階に該当したのが昭和十六年治安維持法改正法律案であった。太平洋戦争に備えて法改正が行われた。

一九三五(昭和十)年の改正法律案が不成立に終わった後、一九三八(昭和十三)年頃より現場の思想検事や判事から法改正の要望が上がり出した。このような要望を受けて司法省は一九四〇(昭和十五)年五月二十一日の第十七回思想実務家会同で治安維持法を改正する意思を明らかにした。第一条ないし第三条を改正して、日本共産党のような中央結社の存立が甚だ曖昧になっている一方で、不逞宗教思想に対しても治安維持法が適用されているという新情勢に応ぜしめる必要がある。検察官に強制処分権を付与する必要がある。予防拘禁制度を設ける必要がある。これらがその理由とされた。会同では東京地方刑事裁判所検事局検事を中心として議論が交わされた。

これらの議論を踏まえて、司法省は一九四一(昭和十六)年一月十五日、全六五条からなる改正法律案を作成し、近衛文麿内閣は翼賛会批判で揺れる同年二月七日、この法律案を第七十六帝国議会に提出した。同法律案は「第一章　罪」「第二章　刑事手続」「第三章　予防拘禁」「附則」からなっていた。

この改正法律案のポイントは三点であった。この期に及んでもなお「国体」擁護を目的とした罰則強化を図ろうとしていること。治安維持法に特別な刑事手続の制度を新設しようとしていること。昭和十年改正法律案ではひとたび削除されていた予防拘禁がより拡充する形で改めて登場していること。これらの点がそれであった。

戦時議会

改正法律案はまず衆議院に付託された。一九四一（昭和十六）年二月八日に開催の衆議院本会議で議題とされた。特別委員会に付議されたが、法律案に対する特別委員会の態度は政府と何ら異なるものではなかった。「戦時議会」というような言葉さえもみられた。民主主義や自由主義にとって重大な脅威になるのではないかといった問題意識はもはや認められなかった。濫用の恐れを指摘し、罪刑法定原則を実質化するために法律案に修正を施すべきだとか、法律案制定後は当局において限定解釈に努めるべきだとかの委員発言は影を潜めている。代わりにみられるのは「日本法の独自性」論である。戦時体制の確立と個人主義、自由主義についての次のような質疑も看過できない。

○私は戦時体制の確立、即ち国防国家体制建設の見地から、思想戦と思想国防について軍の御決心を御伺いしたいと思います。（三田村武夫委員）

○三田村さんの御意見は尤もであります。……日本には所謂非日本的のものが多数存在して居ります。その第一が共産主義であります。……もう一つ考えなければならぬことは、……民主主義から生ずる所の個人主義、……自由主義であります。これが明治以来輸入されて居ります。勿論憲法には法律の定むる範囲内におきまして、個人の自由は許されて居りますが、それを超越した行動がないとは言えないのであります。憲法に定められたる自由の範囲を超越致しまして、そうして極度に個人の自由を主張して、国家の結束力を弛緩させると云う結果になりつつあることは、……皆さん御承知のことと確信致します。これら二つの思想は是非とも日本国内から根絶したいと思うのであります。（田中隆吉政府委員・陸軍少将）

このように治安維持法の制定・拡大と戦争の拡大、非日本的なものの根絶とは機を一にしているのである。

特別委員会では総員起立で可決され、本会議へ回付された。委員会報告で委員長から「重要法案であるから本法実施の上は極めて厳粛に適用」等と述べられているが、衆議院の法案審議が厳粛に値するものであったとは到底思われない。政府原案を超えた取締りの一層の強化を政府に迫り、その旨の政府答弁を引き出そうと努めているからである。近衛文麿内閣の新体制運動の牽制に法案の審議を利用しようという態度も看過し得ない。本会議でも異議なしで可決された。衆議院はもはや議会の体をなしていなかった。翼賛議会の「戦時議会」であった。

貴族院の審議で注目されるのは特別委員会で「思想犯罪の防圧については教学の刷新が急務」との希望決議案が提出され、改正法律案と共にこの決議案も全会一致で可決された点である。元京都帝国大学法科大学教授で勅撰議員の織田萬からは同様の観点から大学、高等学校の解体論も弁ぜられている。もう一つ注目される点は、内務省警保局長などを歴任した勅撰議員の山岡萬之助から「この法案は政府に対する非常に強い権能を有って居るのでありまするから、これを厳正、しこうして慎重に施行せられんことを望むのであります」と希望されている点である。山岡でさえも慎重な法施行を望むほど、新治安維持法案は政府に強すぎる程の強い権能を付与していたのである。しかし、貴族院の本会議でも起立者多数で可決され、新治安維持法は成立した。

普通の国民の普通の生活を取締り

審議に当たって政府委員からはお題目のように「国体変革」の予防を名目として処罰の強化徹底を図ることが本改正の重点であり、その必要性も存すると説明された。しかし、実際は、拡大解釈の域をはるかに超える拡大解釈の繰り返しにより、当初の取締りの目標であった日本共産党およびその外郭団体は活動どころかその存在自体も既に消滅させられていた。この点に鑑みると、処罰の強化徹底どころか法の役目はもはや果たしたとして法を廃止するという選択肢もあり得た。

しかし、当局は厳罰の網を飛躍的に拡大する道を選んだ。治安維持法による取締りの対象を本来の結社から「集団(グループ)」に拡大するだけではなく、支援結社・集団および準備結社・集団も取締りの対象とし、新たにこれらの団体等の行う「目的遂行の為にする行為」をすべて処罰することにした上で、支援結社、準備結社を組織した者または結社の役員その他指導者たる任務に従事したる者にも選択刑として死刑・無期懲役が規定された。新興宗教団体などを取り締まるために、国体を否定しまたは神宮もしくは皇室の尊厳を冒瀆すべき事項を流布することを目的とする結社の罪(第七条)が新設され、これにも「結社目的遂行の為の行為」の罪が付加された。新興宗教団体は反戦主義に陥りかねないということからその事前規制を図ったものであった。治安維持法違反の罪の性格も大きく変化することになった。自由主義や民主主義など非日本的な思想も取り締まるために治安維持法違反の罪の思想的内乱罪ないし思想的外患罪という性格が一層、強調された。

「国体変革」の予防を「錦の御旗」にするために治安維持法という名称は維持されたが、その内容は大きく異なり、実質は新治安維持法とでも呼ぶべき内容のものであった。この新治安維持法が大日本帝国憲法でさえも擁護した民主主義や自由主義を含む「反ファシズム」の運動の取締りに対し、旧治安維持法以上に猛威を振るうことになったのはいうまでもない。普通の国民の普段の生活も準備結社等目的遂行行為や支援結社等目的遂行行為の罪などの取締りの対象となった。

戦時特別刑事手続の導入

新治安維持法は治安維持法違反事件に特有の特別な刑事手続として検察官に対し相当広範囲の強制捜査権を付与し、検面調書に証拠能力を付与するほか、公判手続において控訴審を省略するとともに、弁護士の指定およびその数の制限等に関する規定を新設し、管轄移転をなし得にもなかった点である。

控訴審を省略した趣旨については、政府委員から、「元来、この種事案はその実体、内乱予備に該当致すのであります。現行刑事訴訟法が内乱予備事件を大審院の特別権限に属せしめ、一審制を採用致した立法趣旨に鑑みまするならば、この種事案は極めて敏速に処理致すことが必要であることは申すまでもない所であります」と説明された。

指定弁護人制度の導入についても、「治安維持法の違反事件の審理に際しまして、縷々《るる》、法廷闘争が行われましたことは、既に御承知の事柄と存じます……。本案においては、かかる事例に鑑み、その弊害を防止する為め、弁護士指定に関する規定を設けると共に、訴訟の敏速化を図る為め、弁護人の数の制限に関する規定を設け、かつ訴訟に関する書類の閲覧、謄写を制限し得るものと致した次第であります」と説明された。

問題は検察官への強制捜査権などの付与である。昭和九年および十年改正法律案の審議に際しては、議員から「かくの如き広大なる権限を検事に対して容認すると云うことは、人権蹂躙の弊を益々助長せしむると云うような結果になると信じます。しこうしてこれが裁判機関と検挙機関との混同を来し、延いては弾劾主義の破壊となって、人権蹂躙の事実を惹起して、その結果甚しく裁判の威信を失墜すると云うことになりはしないかと云うことを私は恐れて居るのであります」(金井正夫)などの厳しい批判が見られたからである。しかし、新治安維持法案の議会審議ではこのような批判は影を潜めている。それは治安維持法違反事件の弁護を担当した経験を持つ議員の場合でも同様であった。いくら法原理的におかしいことがあってもそれを阻止し得ないことに対する諦めにも似た気持ちが強かった。

予防拘禁制度の導入

予防拘禁制度をより拡充する形で復活させた理由などについても、「かかる詭激分子は思想犯保護観察法実施の結果に徴しまするに、保護観察に付するも到底、改悛を期待し得ざる者であること、明白でありますので、ここに予防拘禁の制度を新設したのであります」、「本案において規定致した予防拘禁制度は、その対象者を治安維持法の罪を犯し、刑の執行を終りて出獄せんとする者および刑の執行終了もしくは刑の執行猶予の言渡を原因として思想犯保護観察法に依る保護観察中の非転向分子と致したこと、検事の請求に依り裁判所の決定をもって予防拘禁に付することに致したこと、この予防拘禁の期間を二年とする相対的定期制度を採用したること、行政官庁の処分をもって何時にても退所せしめ得ることと致したこと、予防拘禁委員会を設け予防拘禁の請求、更新および退所につき委員会の意見を求めることを要するとなしたことおよび決定確定前における検事および裁判所の強制権をある程度認めたこと、等をその骨子と致すのであります」と説明された。

ここでも議員の態度は一変している。「第四十七条に輔佐人の制度を設けられて居りますが、……輔佐人宜しきを得たら、……多少輔佐人の手に依ってこれを矯正することに使うことが有効ではないか。特に温情主義、家族の感情と云う意味から必要ではないかと思いますが、この輔佐人の制度は、そう云う所まで御考えになって御利用になり得るかどうか、御尋ね致します」(田村秀吉)などといった政府の後押し的な質問に終始しているからである。

新治安維持法の運用

新治安維持法は、一九四一(昭和十六)年五月十五日から施行された。施行に先立って三月二十四日に開催された司法官会同では柳川平助司法大臣から検察は強制捜査権の運用を誤ることがないようにとの注意があった。しかし、取調べに自白の強要や拷問はつきものであったことから、司法相の注意がどこまで徹底したかは大いに疑問であった。

この年の十二月、日本と米英蘭が開戦し、太平洋戦争が開始された。国際的なスパイ事件のゾルゲ事件について、一九四三(昭和十八)年九月二十九日、第一審の東京地裁は国防保安法、治安維持法、軍機保護法、軍用資源秘密保護法違反でゾルゲとゾルゲの情報源の一人であった朝日新聞記者の尾崎秀実に対し死刑を言い渡した。共に死刑が確定し、一九四四(昭和十九)年十一月七日に死刑が執行された。第一審判決は治安維持法違反についても、ゾルゲがコミンテルン本部に通報したと断定してコミンテルンのための目的遂行罪を認定した。ただし、死刑は国防保安法第四条第二項の国家機密漏洩罪によるもので、治安維持法第一条および第一〇条によるものではなかった。

新治安維持法は新興宗教を取り締まることも狙っていた。新治安維持法の施行から半年間と、戦況が悪化した一九四三(昭和十八)年以降、宗教団体の治安維持法違反事件が増加した。小規模の新興宗教に対する適用が目立った。キリスト教系団体への適用も増加した。反戦的な言辞だけでなく、連合国のスパイ活動も疑われた。反戦思想は国体変革とはいえないので、国体を否定するということが取締りの口実とされた。戦時中で最大の宗教弾圧事件となったホーリネス弾圧事件ではプロテスタント系の日本聖教会、きよめ教会、東洋宣教会の信者一二〇名が検挙された。明石順三を創始者とする燈台社は兵役拒否を問題とされた。明石順三は治安維持法違反で検挙され、燈台社も解散させられた。非戦・反戦を説く無教会主義キリスト者も例外ではなかった。反戦的な言辞を理由として「言論、出版、集会、結社等臨時取締法」違反で検挙された浅見仙作は治安維持法違反で再検挙された。同じく無教会主義キリスト者であり、日中戦争を批判して東大教授の職を追われた矢内原忠雄も特高によって言動を監視されていた。早々に転向を表明する信者もいたが、転向を拒否し、信仰を維持する者も少なくなかった。創価教育学会(現創価学会)創始者の牧口常三郎は獄中で転向を拒否し、老衰と栄養失調で死去している。

転向の規準

新治安維持法の施行を受けて、一九四一(昭和十六)年一二月二十八日、全国唯一の予防拘禁所が豊多摩刑務所内に開設された。予防拘禁は新治安維持法の目玉ともいえる制度であった。しかし、予防拘禁者の数はといえば、太平洋戦争末期の一九四五(昭和二十)年五月末時点で六五名に過ぎなかった。このなかには宗教団体、朝鮮独立運動の関係者も含まれていた。拘禁の規準は曖昧で思想犯保護観察と屋上屋を重ねるものであった。また、被拘禁者にとって拘禁所の生活は一定の自由を保障されたものであり、「改善機能」は乏しかった。非転向者を社会から隔離する以上の効果はなかった。改善のための然るべきプログラムは用意されていなかった。

予防拘禁の可否を裁判所が決定するに当たって唯一の争点とされたのは本人の現在の思想状況からみて「転向」したといえるかどうかであった。問題は「転向」の規準で、この規準は暫時、引き上げられていった。一九三〇年代前半の「転向」規準によれば合格とされた者も、この引き上げにより不合格とされていくことになった。思想犯保護観察法が制定されて思想犯保護観察制度を通じて「転向」補導の制度化が進行するとともに「国民精神総動員」に向けてイデオロギーの収斂が図られはじめるなかで、当局はもはや「共産主義思想を放棄した」という消極的な「改悛」だけでは満足せず、積極的な「改悛」を「転向」に求めるようになったからである。すなわち、「完全に日本精神を理解せりと認められるに至りたるもの」を超えた「日本精神を体得して実践躬行《じっせんきゅうこう》(自らの力で実際に行うこと—引用者)の域に到達せるもの」という規準がそれであった。諸外国のそれと異なり、このように積極的に「善」を施すが故に、思想犯保護観察も予防拘禁も人権侵害の問題は生じないというのが当局の考え方であった。しかし、そこにいう「日本精神」とは何かは当局でさえも回答に窮する事柄であった。当局が「日本精神」を真に理解していたかは大いに疑問であった。

このように「日本精神」が当局によって我田引水的・恣意的・便宜的に使われるなかで、家族らのために戦死を覚悟で兵士として戦場に赴いた「転向者」も稀ではなかった。ここでは反戦・非戦ではなく、「戦死」が「日本精神の実践躬行」とされた。太平洋戦争下の予防拘禁という性格が濃厚であった。

戦時下訴訟

新治安維持法の適用対象は飛躍的にその裾野を拡げることになった。治安当局によると自由主義や民主主義に立脚して反ファシズムを唱える、あるいは戦争反対を表明するサークルなどの活動も取締りの対象とされることになった。大審院判例による治安維持法の逸脱解釈・適用の追認の傾向は新治安維持法の下で一段とその傾斜を強めた。

大審院は、「支援結社」にいう「結社」および「支援」について、「改正治安維持法第二条に所謂、結社の成立にはこれを統制すべき強制力の存することを要せざるものとする」、「改正治安維持法第二条に所謂、結社を支援すると為すには、主観的に被支援結社を支援するをもって足り、その支援結社と被支援結社との間に客観的に組織上の関連あることを要せざるものとする」という法解釈を披露した。

「左翼思想共産主義思想の研究強化」と「共産党左翼運動」とは厳に区別すべきだという訴えも、そもそも天理本道には「国体変革の目的」を達成することは不可能であるという訴えも何らの説示もなく退けられた。学会員による学会活動も合法な評論・出版活動等も、あるいはまた宗教団体の宗教活動も「該結社の目的達成に資することを認識しながら」行われた以上は治安維持法違反に問擬し得るとされた。

「偽装せる共産主義運動」という論理もこの期の大審院判例の特色を示すものであった。これにより治安維持法の適用対象はすべての政治・経済・社会・学術・文化・宗教運動にまで拡がることになった。「反ファッショ」運動や「帝国主義戦争反対」運動も、さらには「国民生活の安定」を求める運動、「政治的自由の剝奪反対」の運動、「官僚独善的対外対内政策反対」の運動、「長期間労働の短縮、なかんずく徹夜作業絶対反対」の運動、「小作料減免、減税、強制献金反対」の運動、「兵士の給与の改善、即日帰還」の運動、「公債の強制反対」の運動、「重工業偏重かつ経済実情無視の統制反対」の運動等々でさえも、しかも、たとえそれが自由主義や民主主義に基づくものであったとしても、「人民戦線運動」(=「偽装せる共産主義運動」)だと見なされればいつでも治安維持法違反で検挙され得ることになった。

「民族意識の高揚」等でさえも治安維持法上の犯罪と目された。朝鮮の人々による民族独立のための文化運動などは内乱未遂罪や内乱予備罪で問擬し得ないことから、治安維持法で検挙することが目指された。この検挙も大審院は許容した。

このような法解釈はもはや法律家の法解釈といえない、非論理的で政策的な類のものであった。その妥当性を担保するものは必罰性と被告人の捜査段階および公判段階での「自白」供述以外になかった。しかも、この「自白」供述は長期間の身柄拘束下の拷問を含む厳しい取調べによって得られたもので、その証拠能力も新治安維持法の特則規定によって認められたものであった。被告人の中にはこの「自白」と「反省」等を理由として減刑を求める者も少なくなかったが、大審院は厳罰主義をより深めた。新治安維持法による罰則の強化がこれを後押しした。

迅速な有罪判決の確定を目指す動きがより強まっているのもこの期の治安維持法被告事件の特徴である。大審院は、「戦災に由り起訴状の滅失したる場合においては、他の書類に依り適法なる公訴の提起ありたることが明確に証明し得られる限り、起訴状の欠缺《けんけつ》は公訴を不適法と為らしめることなきものとする」と判示した。その理由とされたのが「戦時下訴訟」という論理であった。大審院も当局と同じく異常なまでの弁護権の制限に賛同、協力した。「治安維持法違反事件の弁護人は裁判長これを選任する場合といえども、なお、司法大臣の予め指定したる弁護士中より選任することを要するものとする」と判示されたからである。治安当局と大審院とは、もはや一心同体といっても過言ではなかった。法廷闘争を封じ、国民の目から遮断するために公判の公開停止、併合審理か分離審理かも裁判官の裁量とされた。

大日本帝国憲法が定めた権力分立制は不完全なものであったが、この権力分立制でさえも完全に形骸化した。治安当局が主であり大審院は従という形で事実上の統合が行われた。

5　治安維持法の廃止と公安条例

人権指令

政府は敗戦後も治安維持法の運用を相変わらず続けた。天皇制が残る以上は治安維持法第一条を残すべきというのが政府の考えであった。「共産主義革命」の危機に対処する必要があるとした。政府は政治犯の釈放も否定したため、哲学者の三木清は一九四五年九月に獄死することになった。

一九四五年十月四日、GHQ／SCAP（連合国最高司令官総司令部）から人権指令「政治的、公民的及び宗教的自由に対する制限の除去の件（覚書）」が出された。内務省は翌五日、各府県に特高警察機能の停止を通牒し、六日には各警察部の特高課・外事課・検閲課の廃止を指示した。内務省警保局保安課・外事課・検閲課の廃止は十三日に指示された。司法省も同月五日、刑事局長から検事総長・検事長・検事正宛に「政治犯の身柄釈放に関する件」を通牒し、拘留・検束中の被疑者について「暴行虐待行為を絶対に禁止」することを指示した。七日にはそれらの被疑者の即時釈放については検事局と協議して措置すべきことが指示された。また、八日には司法大臣から「治安維持法、国防保安法其の他思想関係法規の廃止に伴い思想関係の通牒及思想事務廃止の件」が訓令された。これにより司法省の思想関係事務は停止されることになった。

東久邇宮稔彦王内閣は「人権指令」を拒絶し、総辞職した。後継の幣原喜重郎内閣はこれを受け入れ、同月十五日、「「ポツダム」宣言の受諾に伴い発する命令に関する件に基く治安維持法廃止等の件」(昭和二十年勅令第五七五号)が発布された。思想犯罪取締りの元締めであった刑事局の思想課も十五日の司法省分課規定改正により廃止となった。治安維持法の廃止は同月十一日、法相名で閣議に請議され、十三日に閣議決定、天皇の裁可、十五日に公布、即時施行という手続をたどった。思想犯保護観察法や関連の勅令、朝鮮総督の制令など八つの法令も同時に廃止となった。「人権指令」により罷免された特高関係者は内務大臣、警保局長以下、四九九〇人に及んだ。

公職追放

司法省関係の罷免は保護観察所職員および保護観察審査会職員の一一八五人に限られ、司法大臣、刑事局長らは留任した。思想検事も保護観察所長を兼務している者だけが公職追放の対象とされた。「人権指令」で特高警察がともかくも「解体」されたのに対し、「思想検察」は保護観察関係者を除いてその中枢から末端までほとんど無傷であった。このような不徹底さをいくらか是正することになったのが一九四六年一月四日のGHQ／SCAPの日本政府宛の指令「公務従事に適せざる者の公職よりの除去に関する件」にもとづく公職追放であった。政府はポツダム勅令として一九四六年二月に「就職禁止、退官、退職等に関する件」(昭和二十一年勅令第一〇九号)を公布し、「特高警察及思想検察等前歴者」に対しては四月末日までに審査を完了する予定をたて、その追放細目基準を定めた。ただし、この第一次公職追放の審査において公職追放の該当者となった者のうちで特高関係者は三一九人、「思想検察」関係者は二五人に過ぎなかった。思想検察関係者では「人権指令」による罷免を免れていた泉二新熊、正木亮、三宅正太郎、池田克、森山武市郎、戸沢重雄、清原邦一、太田耐造、井本台吉らも公職追放の対象に含まれていた。しかし、同関係者の多くは既に弁護士に転身していたためにこの公職追放は名前だけのものという面が強かった。

治安維持法の廃止に伴い、公判中の被告は免訴となった。人民戦線事件の山川均、荒畑寒村、加藤勘十、鈴木茂三郎や横浜事件の細川嘉六も上告中の大審院から免訴の言渡しを受けた。身柄を拘束されていた者も拘束が解かれた。受刑者、公判中ないし予審中の者、警察ないし検事局で捜査中の者を含む「政治犯」四三九人、保護観察下にあった者二〇二六人、予防拘禁下にあった者一七人が期限の一九四五年十月十日までに釈放ないし処分が解除された。

恩赦

恩赦も連合国軍最高司令部の諒解を得た上で一九四五年十月十七日を期して実施されることになった。この恩赦は「人権指令」以前から計画されていたが、治安維持法と特高警察による弾圧・抑圧が糾弾されることになったために急遽、刑の言渡しの事実自体は残る「特別特赦」から、刑の言渡しを受けた者のその刑が将来にわたって無効となる「大赦」の適用に切り替えて実施されたものであった。この恩赦によって「政治犯」の政治的復権は実施されたが、保護観察下および予防拘禁下にあった者、さらに「人権指令」以前に仮出獄・満期出獄となっていた者、保護観察が解除されていた者、東京予防拘禁所から退所していた者に対する刑の言渡しの事実は残されていた。衆議院議員選挙の実施を控えてこれらの人々の政治的復権を図る必要に迫られたGHQ/SCAPでは十二月十九日、日本政府宛に「釈放政治犯人に対する参政権の復活」という覚書を発した。治安維持法に限定せず国防保安法・治安警察法などによるものも対象となり、「選挙権並公職に就くの権」回復のための「立法的並行政的措置」をとることが指令された。司法省では同月二十五日に閣議に請議し、枢密院の諮詢を経て、二十九日、勅令「政治犯人等の資格回復に関する件」を公布した。

警察官に有罪判決

横浜事件の被検挙者のうち三三人が一九四七年四月、同人らを取り調べた警察官多数を横浜地方裁判所検事局に対し告訴したところ、三名の警察官が横浜地裁に特別公務員暴行陵虐致傷罪で起訴された。一九四九年二月二十五日の同地裁判決で警察官に対し懲役一年六か月および懲役一年が言い渡された。同有罪判決は最高裁の一九五二年四月二十四日の上告棄却判決で確定した。しかし、有罪判決を受けた警察官はサンフランシスコ講和条約発効時（一九五二年四月二十八日）の大赦により全員免訴となった。また、「重大な過失があった」とされた裁判官および検察官に対してはそもそも何らの調査も処分もなされなかった。

公安条例

より大きな問題は、治安維持法の教訓が生かされることなく、団体等規正令(昭和二十四年政令第六四号)、「内閣総理大臣宛連合国最高司令官書簡に基く臨時措置に関する政令」(昭和二十三年政令二〇一号)、破壊活動防止法(昭和二十七年法律第二四〇号)など、敗戦後も引き続いて為政者の意のままに「思想犯」処罰規定が定められたことであった。

占領下、屋外集会や集団行進等の民衆運動を取り締まるために全国各地の地方自治体で公安条例が制定された。先駆けとなったのは占領軍の勧告を受けて一九四八年七月に制定された大阪市の公安条例であった。デモのほか、集会も規制の対象とされた。届出制とされたものの公安委員会や警察による大幅な制限規定も置かれ、罰則も最高二年の懲役に及ぶなど、厳しい内容であった。占領軍はこの大阪市条例を歓迎し、軍政部を通じて各府県市町村に条例制定を勧告した。一九四九年、一九五〇年中にほとんどの自治体で公安条例が制定されることになった。なかでも重要だったのは一九五〇年の東京都の「集会、集団行進及び集団示威運動に関する条例」であった。

同条例についての最高裁の判断は主権回復後の一九六〇年に示された。国民の自由よりは公安を優先するものであった。一九五八年九月、全日本学生自治会総連合主催で学生約三〇〇〇人が東京都千代田区紀尾井町の清水谷公園から同港区芝公園まで集団行進を行った。集団行進の先頭に立って蛇行進や渦巻行進を誘導したなどとして同条例違反の罪で被告人が起訴された。東京地方裁判所は一九五九年八月、無罪判決を言い渡した。条例の定める規制方法は憲法上特に重要視されなければならない表現の自由に対するものとしてやむを得ない限度を超えたものというべきであり、同条例は憲法に違反するものと解せざるを得ないとされた。検察官からの控訴を受けた高裁は事件を最高裁に移送した。一九六〇年七月二十日の大法廷判決は無罪判決を破棄した。表現の自由を口実にして集団行動により平和と秩序を破壊するような行動、またはそのような傾向を帯びた行動を事前に予知し、不慮の事態に備え、適切な措置を講じ得るようにすることはけだし止むを得ないものと認めなければならない。このように判示された。最高裁は「市民刑法の論理」によってではなく「治安刑法の論理」によって合憲判決を導いた。

かつて最高裁は一九五四年十一月二十四日の大法廷判決で届出制か許可制かを違憲か合憲かの判断基準としていたが、本大法廷判決では許可制を採っても違憲ではないとされた。治安維持法の運用を担った裁判官の意識は最高裁でも受け継がれることになった。公安条例は二十一世紀に入ってもデモなどの規制に威力を発揮している。

有罪判決の放置

治安維持法で有罪とされ、獄に閉じ込められた人たちの名誉は戦後回復されたのであろうか。被害の救済が図られたのであろうか。残念ながら今も名誉は回復されていない。被害救済もなされていない。それどころか、法的にも社会的にも有罪状態が続いている。最大のでっち上げ事件といわれた横浜事件についてはやっと再審請求が認められたが、再審公判で言い渡されたのは無罪ではなく有罪判決の一種の免訴に過ぎなかった。治安維持法の立法過程および司法過程についても検証は全く手つかずの状態にある。もし検証がなされていたとすれば戦後の刑事司法の姿は現在と全く違ったものとなっていたと言える。平成版治安維持法が云々されることもなかったと言える。

横浜事件

治安維持法が大幅に改正された翌年の一九四二(昭和十七)年、雑誌『改造』八月号と九月号に掲載された社会政治学者の細川嘉六の「世界史の動向と日本」という論文を特高警察は共産主義の「偽装宣伝」であるとして同号を発売頒布禁止処分にし、細川を新聞紙法違反の容疑で逮捕した。逮捕の意図は「世界史の動向と日本」の「共産主義的傾向」を追及することにあった。しかし、細川も写っていた一枚の集合写真がもとで、事件は「泊事件」を経て日本最大の言論弾圧事件の「横浜事件」にまで拡大していくことになった。

一九四二(昭和十七)年七月、富山県の東北隅、北陸本線沿いの泊町で泊町出身の細川は法要で帰省する折、新著『植民史』の出版記念も兼ねて出版関係者らを招いて泊町の料理旅館「紋左」と「三笑楼」でささやかな宴会を開いた。出席者は細川をはじめ、西沢富夫(南満鉄東京支社調査部)、平館利雄(同)、西尾忠四郎(同)、木村亨(中央公論社出版部員)、相川博(『改造』編集部員。細川論文担当者)、小野康人(『改造』編集部員)、加藤政治(東洋経済新報社社員。『植民史』の編集者)の八人であった。宴会では出席者全員の記念写真が写された。

神奈川県の特高警察は一九四三(昭和十八)年五月、かねてマークしていた西沢、平館の「満鉄グループ」を検挙して家宅捜索を行った際、偶然、この写真を発見した。この写真を唯一の証拠として、同特高は西沢、平館らの「満鉄グループ」と細川らの「編集者グループ」が合体して共産党再建準備会の「泊会議」を開催し、共産党再建に暗躍しているという一連のストーリーを描き、木村、相川、小野、加藤を一斉検挙した。これがいわゆる泊事件であった。

この泊事件が発端となり、その後、改造社と中央公論社をはじめ、朝日新聞社、岩波書店、満鉄調査部などに所属する関係者ら約六〇人が次々と治安維持法違反の容疑で検挙された。政治経済研究会事件、改造社ならびに中央公論社左翼グループ事件、日本編集者会・日本出版社創立準備会事件、日本評論社左翼グループ事件、岩波書店事件その他、次々と事件がでっち上げられていった。特高は被疑者を革や竹刀で殴打して失神すると気付けにバケツの水をかけるなど、激しい拷問を行い、四人が獄死した。『改造』や『中央公論』も廃刊となった。これが横浜事件であった。神奈川県の特高警察が行ったことからこの名がつけられた。

横浜事件の判決が言い渡されたのは玉音放送後の一九四五年八月から九月にかけてであった。治安維持法が廃止される約一か月前のことであった。駆け込みの言渡しで約三〇人が執行猶予付きの有罪を言い渡された。ただし、当時の公判記録はＧＨＱによる戦争犯罪の追及を恐れた政府関係者によって全て焼却されたために残っていない。

再審免訴判決

有罪判決を受けた横浜事件の関係者・遺族らはまったくのでっち上げだと主張して名誉回復を求め続け、再審請求を繰り返した。第一次請求、第二次請求は棄却されたが、元中央公論編集者の妻ら元被告人五人の遺族が申し立てた第三次再審請求について横浜地裁は二〇〇三年四月十五日、再審を開始する決定を言い渡した。検察官からの即時抗告の申し立てを受けた東京高裁も二〇〇五年三月十日の決定でこれを退けた。検察官が特別抗告を断念した結果、再審開始決定が確定することになった。

再審公判は横浜地裁で開かれた。地裁は二〇〇六年二月九日の判決で「免訴事由の存在により公訴権が消滅した場合には、裁判所は実体上の審理を進めることも、有罪無罪の裁判をすることも許されないのであり、この理は、再審開始決定に基づいて審理が開始される場合にも異なるものではない」などとして、旧刑事訴訟法三六三条二号および三号により被告人五名に対し免訴を言い渡した。

控訴を棄却された遺族らは最高裁に上告したが、最高裁も二〇〇八年三月十四日の第二小法廷決定で「再審でも刑の廃止や大赦があれば免訴になる」として遺族らの上告を棄却した。同年十月に開始決定された第四次再審公判でも横浜地裁は二〇〇九年三月三十日、免訴を言い渡した。ただし、同地裁判決は「なお書」で刑事補償による被害救済について言及した。

刑事補償判決

地裁判決の説示などを受けて、第四次再審請求の遺族五人は二〇〇九年四月三十日、国に対する刑事補償請求を横浜地裁に行った。横浜地裁は二〇一〇年二月四日、遺族五人に対して請求通り計約四七〇〇万円の刑事補償を認める決定を言い渡した。

理由のうち重要な点の第一は、拷問などを含む苛酷な取調べについて、「泊会議に参加したことから治安維持法で検挙されたＡら被疑者は、特高警察官から受けた拷問の回数、内容、程度等に各々差異があるのは当然であるものの、ほぼ各口述書に記載されたとおり、治安維持法違反の嫌疑により警察署に検挙された直後ころから、当時劣悪な環境にあった警察署留置場に勾留されている間、糧食の授受を制限され、取調べ中には、相当回数にわたり、厳しい脅迫を受け、時には失神させられるような暴行を伴う激しい拷問を加えられ、生命の危険を感じるなどした結果、特高警察官らの強制誘導に屈して、やむなく虚偽の自白をして手記を作成したり、取調べの先行している関係者らの供述に沿う形で、特高警察官らの思い描く内容の手記を同人らの言うがままに作成したり、これらに基づいて作成された同様の内容の訊問調書に署名指印したりすることなどを余儀なくされたことが合理的に推認されるところである」と判示している点である。

重要な点の第二は、「関係各証拠を検討しても、Ｃらが泊で宿泊し、遊興したこと以外に、共産党再建準備会を開催し、その後の活動方針を決定したという事実を認定するに足りる証拠は存在しないのであるから、再審公判で実体判断のための審理を進めていたとしても、いわゆる泊会議の事実は、認定することはできなかったものと判断される」、「大赦および刑の廃止という事実がなく、再審公判において裁判所が実体判断をすることが可能であったならば、Aは無罪の裁判を受けたであろうことは明らかであり、刑事補償法二五条一項の「無罪の判決を受けるべきものと認められる充分な事由」があったものということができる」として、横浜事件が冤罪だったということが明言されている点である。でっち上げ事件だということが裁判所によっても認められることになった。

重要な点の第三は、この冤罪に関して警察官はもとより裁判官も検察官も責任は免れないとしている点である。決定は事件を「思い込みの捜査から始まり、司法関係者による追認により完結した」と総括し、神奈川県警特高課の当時の捜査について「極めて弱い証拠に基づき、暴行や脅迫を用いて捜査を進めたことは、重大な過失」だと認定するとともに、検察官も「拷問を見過ごして起訴した」とし、裁判官も「拙速、粗雑と言われてもやむを得ない事件処理をした」と判示した。

本判決の要旨は二〇一〇年六月二十四日付の官報第五三四〇号および読売新聞、朝日新聞、赤旗新聞に横浜地裁の名前によって公告された。しかし、これをもって被害者らの名誉回復が実現されたものとし得ないことはいうまでもない。警察官、裁判官、検察官の責任も放置されたままである。

法務大臣の国会答弁

国の態度は依然として少しも変わっていない。二〇一七年六月十五日未明、共謀罪を新設することを盛り込んだ組織犯罪処罰法の一部改正法案が参議院で可決成立したが、それに先立つ同月二日の衆議院法務委員会において、法務大臣は、治安維持法は適正な手続を経て制定された適法なもので何も問題はなく、勾留・刑の執行も適法だったもので、損害を賠償すべき理由はなく、謝罪・実態調査も不要だと答弁している。大日本帝国憲法にさえ違反していたことも無視されている。共謀罪の新設を盛り込んだ改正組織犯罪処罰法は七月十一日から施行されたが、右のような認識をもつ人たちにこの共謀罪の運用が委ねられることになった。

第二章　市民刑法と治安刑法

1　戦前における刑法の歩み

市民刑法と治安刑法

「市民」の定義は多様であるが、自律性、公共性、能動性などがキーワードとされることが多い。市民が社会の中核的な担い手をなす社会のことを「市民社会」といい、近代以降の市民社会のことを特に「近代市民社会」と呼ぶ。市民社会を基盤とする政治体制では政治の場面においても市民が主権者の地位を占める。市民革命などにより国家の権力を掌握した市民が真っ先に取り組んだのは、市民による市民のための市民の統治を法的に保障することであった。刑法は憲法と並んでこの法的保障の重要な一翼とされた。市民の利益を国家刑罰権によって保護すること、そして市民の自由を国家刑罰権の濫用から守ることが「市民刑法」の任務とされた。

これが近代市民社会の刑法が市民刑法と性格づけられる理由である。市民刑法の中核を占めるのが刑法典という名の一般刑法である。その後、労働刑法が形成され、市民刑法に対置されることになった。

近代市民社会においては「市民」概念と「国民」概念は重なり合うことが多い。市民社会が未成熟な国家では国民は統治の主体ではなく統治の客体とされる。「市民」概念と「国民」概念との間に大きな乖離が生じる。戦前の日本はその典型例の一つであった。刑法の主要な役割が市民の利益と自由を保護することではなく、国家や社会の平穏・秩序などを維持することに求められた。そのために治安刑法が数多く制定された。治安刑法の典型が治安維持法であった。

治安刑法の共通の特徴として一般に次のような点が挙げられる。第一は、支配体制を維持し強化するという政治的な意図が強いという点である。第二は、このような政治的な意図に照応して政治的な予防主義を原則としているという点である。国家・社会の「敵」が国家・社会の安全に何らかの危害をもたらす前に、これを犯罪（結社・宣伝・表現の罪など）として事前に取り締まるというものである。第三は、これらの犯罪においては「罪となる行為」は不確定な概念、あるいは一般条項などで記述されており、思想の危険性が当該犯罪の決定的な要素とされる結果、いわゆる心情刑法になっているという点である。

市民刑法の性格がより強い一般刑法と右のような特徴を持つ治安刑法との間には当然のことながら乖離が生じることになる。戦前の日本の場合、治安刑法に合わせるように一般刑法を改正するというのが国の一貫した方針であった。刑法典が一般刑法というのは名目でしかなかった。刑事政策を支配したのは一般刑法ではなく治安刑法であった。

最近は一般刑法の分野においても敵・味方刑法という考え方が主張されている。刑事法における対立軸を「国」対「市民」から「国および市民」対「社会の敵」に転換すべきだという主張である。そこでは国の刑事政策に対する姿勢もチェックないし批判から追認ないし後押しに大きく変化している。一般刑法の治安刑法化を推進し、近時の犯罪化・重罰化のための刑事立法ラッシュを下支えしている。

旧刑法

幕藩体制に代わる中央集権的な国家体制を築くことを差し迫った課題とした明治維新政府は国家刑罰権の一元化を図るための全国統一的な刑法典の制定に向かうことになった。当初の法典化では王政復古の面が押し出された。維新直後に制定された刑事立法のうち一八六八(明治元)年の仮刑律は八世紀の大宝・養老の律によりつつ、中国の明律・清律をも参考にし、徳川幕府の公事方御定書の規定を加味したもので裁判準則に過ぎず、公に発布されたものではなかった。一八七〇(明治三)年の新律綱領は官吏に対しては頒布されたが、その体裁は仮刑律と異ならなかった。一八七三(明治六)年の改定律例は逐条体の形式をとり懲役・禁錮を採用したが、その他の内容形式は封建刑法のままであった。罪刑法定主義を正面から否定する規定が置かれ、封建的身分による差別的な取扱いも是認された。

復古的な立法では欧米諸国の包囲を受け、その浸透の下に激変しつつあった日本社会の実情に適合しえないことは明らかであった。維新の近代化の面を重視し、西欧の法を模倣した刑法典を作ろうとする動きが西欧法制の理解者を中心として強まることになった。維新政府も諸外国との間に結ばれた不平等条約を是正するために近代的な法体制を整備する必要に迫られていた。新しい刑法典の草案作成を依頼されたのはお雇い外国人として来日し、法学を教授していたグスタヴ・エミール・ボアソナード(一八二五―一九一〇年)であった。彼は母国のフランスの一八一〇年刑法典を参考にしながら、その支持する新古典学派の刑法理論によって草案を練り上げた。これを土台として元老院の審議を経てでき上がったのが一八八〇(明治十三)年に発布され、一八八二(明治十五)年一月一日から施行された旧刑法典であった。日本における近代刑法の起源とされる旧刑法は罪刑法定主義を明文で規定し、身分による刑の差別も廃止した。フランス一八一〇年刑法典よりも進んだ規定も多くみられた。

新聞紙条例など

旧刑法は当時の日本の状況の下ではアクセサリーの面が強かった。旧刑法は人権保障の法治主義を何ら本質とするものではなく、不平等条約改正のための法律体制の整備という意味しか持ちえなかった。三権分立、市民の意思による立法、そして司法権の行政権からの分離という思想と相連関してのみ意味を持ちえる実質的な罪刑法定主義は旧刑法には存在しなかった。当時の未成熟な資本主義に対応して封建的色彩を多分に持った旧刑法はその後に形成された一連の刑罰法規と相まって自由民権運動を抑圧し、半封建的隷農制の上に立つ組織的国家権力の介入による急速な資本主義的発展に奉仕した。このような評価もみられる。

旧刑法に代わって現実の刑事政策を指導したのは一八七五(明治八)年の新聞紙条例をはじめとする特別刑法ないし治安刑法であった。日本史上最大規模の民衆蜂起といわれる秩父事件は明治維新政府の自由党弾圧策と飢饉と恐慌による農民の窮乏化とが相まって起こったもので、一八八四(明治十七)年、農民約三〇〇〇名が自由民権を唱えて現在の秩父市下吉田の椋神社に集結した。その後、大宮郷(現秩父市)を目指して進撃し、東京鎮台の憲兵隊や警察と戦ったが、一〇日間の抗戦をもって壊滅し、首謀者は皆、死刑となった。この秩父での農民一揆が起こった一八八四(明治十七)年に太政官布告により制定された爆発物取締罰則も農民一揆などの鎮圧に猛威を発揮した。

戦前の治安刑法の歴史を概観すると次のようになる。

一八六九(明治二)年　新聞紙印行条例、出版条例
一八七三(同六)年　新聞紙発行条目
一八七五(同八)年　讒謗律、新聞紙条例
一八八〇(同十三)年　集会条例
一八八七(同二十)年　保安条例
一八九〇(同二十三)年　集会及政社法
一八九二(同二十五)年　予戒令
一八九三(同二十六)年　出版法
一九〇〇(同三十三)年　治安警察法
一九〇九(同四十二)年　新聞紙法
一九一〇(同四十三)年　予約出版法

一九二五(大正十四)年　治安維持法
一九三六(昭和十一)年　不穏文書臨時取締法
一九四一(同十六)年　言論、出版、集会、結社等臨時取締法

これらによると、為政者が言論、集会などをいかに恐れていたかがよくうかがえる。

現行刑法の制定

旧刑法は元老院によって日本の実情に合うように大幅な修正が施されていたが、自由主義的な性格を有したボアソナード草案を出発点としていたために富国強兵政策を推進する明治維新政府の基本路線との溝は依然として大きかった。施行直後から全面改正の動きが政府部内に起こり、一九〇七(明治四十)年、ついに第五次草案が帝国議会で可決・成立されることになった。同年四月二十四日に公布され、翌年十月一日に施行された。同法は第二次大戦後に一部改正が行われただけで抜本的な改正は行われていないために現在も依然として現行刑法の地位にある。

明治四十年刑法は一八七一年のドイツ刑法典を参照し、ドイツの新派刑法学を学んで帰国した刑法学者たちによって法典化されたために、当時としては世界で最も主観主義的な刑法典であった。罪刑法定主義に関する明文規定も削除された。重罪、軽罪、違警罪の区別も廃止され、

旧刑法にあった違警罪の規定は一九〇八（明治四十一）年の警察犯処罰令に委任された。行政機関の制定する命令への罰則の包括的な委任への道が開かれた。明治四十年刑法の条文は極めて少ないために犯罪の規定の仕方はドイツ刑法に比べてもはるかに包括的であった。法定刑の幅も広いために裁判官による裁量の余地は大きく、刑の量定に際して行為者の主観的な事情が重視される可能性が増大した。未遂犯の処罰については旧刑法の必要的減軽に代えて裁判官による任意的減軽が採用された。累犯加重、併合罪加重の法定刑も引き上げられた。内乱罪に対する死刑は旧刑法のままで、皇室に対する罪と家族制度の刑法的保護に関する規定もほぼそのまま維持された。

旧刑法から現行刑法への移行に影響を及ぼした出来事の中でも重要なのは一八八九（明治二十二）年の大日本帝国憲法の発布と日清戦争（一八九四—九五年）および日露戦争（一九〇四—〇五年）であった。大日本帝国憲法の発布によって天皇制支配の制度的枠組みを固めた明治国家は日清、日露の戦争に勝利することによって文字通り帝国主義国家への仲間入りを果たした。戦争をきっかけとする資本主義の急激な発達によってもたらされた犯罪の著しい増大に対処し、労働争議や農民運動の高揚を未然に抑え、脆弱な支配基盤を補強するために治安警察法をはじめ多くの治安刑法を制定した。その結果、ますます拡大した治安刑法と一般刑法との溝を埋め合わせるための法改正が不可欠となった。改正の方向は治安刑法を一般刑法に合わせるという方向ではなく、一般刑法を治安刑法に合わせるという方向であった。治安刑法の制定が刑法典の全面改正を導くという、日本における刑法の発達の基本構造が形成されることになった。

治安刑法と治安維持法

明治維新以来の伝統的な治安体制は反体制運動と政府がみなすものを行政警察的な手段を用いて即物的に鎮圧することを眼目とした。その中心の一つは内務大臣による出版の取締りであった。公刊は新聞紙法や出版法などが定める刊行手続を踏んだ場合に限って許された。手続を欠いた公刊は内容の如何を問わず即物的に流布が禁止された。内務大臣が出版物の内容が「安寧秩序」を乱すとか「風俗」を壊乱すると認めたときはその発売・頒布は即物的に禁止された。内務大臣の禁止処分は絶対的で不服申立ては認められなかった。

もう一つの中心は内務大臣による集会・結社の取締りであった。集会・結社は届出制とされた。警察官は裁量で集会の禁止・解散を命じ得た。命令は絶対的で不服申立てはできなかった。内務大臣は、安寧秩序を保持するため必要ある場合には集会・結社を禁止できた。これにより社会主義的な傾向を有する政党の成立は決して認められなかった。日清戦争後に高まった労働運動を取り締まるために、それまでの自由民権運動を規制するための保安条例や集会及政社法に代えて治安警察法が制定され、①政治結社・集会・屋外大衆運動の届出制、②軍人・警察官から女子・未成年者まで政治結社・政談集会への参加禁止、③警察官による集会・群衆の制限、④内務大臣による結社禁止、⑤重罪・軽罪の予審に関する事項を公判に付す前に講談論議すること、または傍聴を禁止した訴訟に関する事項を講談論議することの禁止、⑥警察官による集会・大衆運動の制止・退去命令、⑦秘密結社の禁止、⑧労働条件改善のための団結・同盟罷業への誘惑・煽動の禁止、⑨相手方への承諾強要の禁止、などが罰則と合わせて規定された。基本的な取締りの考え方は変わらなかった。

しかし、一九二〇年代(大正九年―昭和四年)に入ると、大正デモクラシーを背景に社会主義運動が民衆の運動に成長した結果、右のような伝統的な治安体制は修正を迫られることになった。治安警察法も二度にわたり法改正が行われた。一つは女子の政治活動を無制限に制限した規定の見直しであった。女子の政治集会参加禁止条項は、女性団体の粘り強い反対運動の成果で一九二二(大正十一)年に削除された。もう一つは小作争議や労働争議など正当な大衆運動を抑える役割を果たした規定の削除であった。一九二六(大正十五)年には労働・農民運動規制条項が削除された。それでも集会・結社取締りの基幹部分は無傷のまま残された。治安警察法は労働運動などの弾圧に依然として猛威を発揮し続けた。

より重要な修正は政治結社についての一律規制方式の見直しであった。従来はこの一律規制方式に基づいて内務大臣による結社禁止命令が出ると社会主義者もこれに従っていた。そのために秘密結社の組織罪・加入罪の刑も比較的軽いものであった。しかし、今や事態が変化し、内務大臣の禁止命令に従わない秘密結社が輩出することになった。従前の一律規制方式では真に取り締まるべき結社が野放しにされてしまう。一定の思想体系と思想傾向を持つ結社に的を絞ってこれを根絶する必要がある。従来のように結社そのものに即物的な行政規制を加えるだけでは不十分で、結社に関係する者すべてに漏れなく厳しい刑事責任を問うことによって結社の機能を奪い死滅させる必要がある。刑法の諸規定ではそれは難しい。たとえば、刑法の内乱罪は朝憲を紊乱する目的をもった暴動がなければ適用することはできない。内乱の予備罪や陰謀罪も暴動を企てるという行為がなければ適用できない。暴動行為がなくても暴動を企てる行為がなくても処罰し得るようにする必要がある。このように考えられるようになった。

これが治安刑法が過激社会運動取締法案を経て治安維持法の成立へと新展開した理由であった。これにより戦前の日本は治安警察法に見られるような旧来の治安刑法に加えて、治安維持法のような新しい治安刑法をも手に入れることになった。問題は過激社会運動取締法案が廃案となったのに対して治安維持法が成立したのはなぜかという点である。過激社会運動取締法案は言論・出版の自由を大幅に制限し、濫用の危険性のある宣伝罪を新設しようとしたが、治安維持法は宣伝行為の取締りはすべて既存の法に任せ、もっぱら結社の取締りに重点を置き、ただ付随的に協議行為と煽動行為のような実行行為を規制対象にしたこと。過激社会運動取締法案と異なり、治安維持法の罪はすべて目的犯とされたこと。これらのことから濫用の恐れのない制限的な立法だという政府の主張が、虚偽であったが政党や議員、あるいはメディアなどに対し一定の説得力を持つものとして迎えられ得たという点が挙げられている。

刑法全面改正事業

治安維持法をはじめとする治安刑法の増殖は基本法たる刑法典の運命に大きな影を落とすことになった。政府から刑法改正の諮問を受けた法制審議会は一九二六(大正十五)年十一月には四〇項目にも及ぶ「刑法改正ノ綱領」を答申した。

綱領では、本邦の順風美俗を維持することを目的として忠孝その他の道義に関する犯罪については特にその規定に注意することが柱の第一とされた。天皇に対する罪については独立の規定を設けること、皇室の尊厳を冒瀆する罪に関する規定を置くこと、家族制度破壊の行為に対する罰条を整えること、などがそれであった。

柱の第二は刑罰網の一層の拡充を図ることで、刑罰の種類の増加、保安処分の新設、執行猶予や仮出獄の拡充、宣告猶予の採用、刑の免除の採用、死刑・無期刑の縮減、懲役と禁錮の代替および自由刑と罰金の代替の許容、常習犯の刑の加重、不定期刑の採用、教唆犯の独立犯化、などが掲げられた。

柱の第三は、法令違反行為を目的とする団結や法令違反行為を称揚、奨励、煽動する行為、面会強請行為、強談威迫行為の処罰など、激化しようとする大衆運動に対して立ち向かうことであった。

その後もこの答申の基本線に沿った刑法の全面改正作業が進められた。太平洋戦争の始まる前年の一九四〇(昭和十五)年四月に答申された改正刑法仮案に結実することになった。改正点は総則規定では執行猶予や仮釈放の要件の緩和、宣告猶予制度の採用、常習累犯者に対する不定期刑の導入、四種類の保安処分の新設など、刑罰に関する部分に集中している。各則の主な改正点は法定刑を一般的に引き上げたほか、治安維持法や新聞紙法などの罪の一部を刑法に吸収するために「安寧秩序ニ対スル罪」を新設したこと、「遺棄ノ罪」の中に法律上の扶養義務の不履行の罪を追加したこと、などである。仮案は治安維持法の改正などに照応して危険思想から国体や家族を擁護するとともに激化する大衆運動に対して厳しく立ち向かうという国家の意思を明確に打ち出すものであった。しかし、この刑法全面改正事業は戦争のために、その後、中断されることになった。

戦時刑事特別法

戦争がますます拡大し泥沼化する中で一九四二(昭和十七)年三月に戦時刑事特別法(同年法律第六四号)が施行された。同法は刑についての部分と刑事手続についての部分からなる。

戦時に際し灯火管制中または敵襲の危険その他人心に動揺を生ぜしむべき状態ある場合において犯された刑法の罪のうち一定の罪について刑を加重すること、戦時に際し国政を変乱することを目的として犯された殺人、その予備、陰謀、教唆、煽動等の行為を死刑などの厳罰に処すこと、戦時に際し業務上不正の利益を得る目的をもってなされた生活必需品の買占め、売り惜しみ行為などを厳罰に処すこと。これらが前者の主な内容であった。

後者は戦時下における有罪判決の言渡しを極めて容易、迅速にするとともに裁判官の有罪判決書きの負担を大幅に軽減することを目的とした。戦時中の特例として証拠についての刑事訴訟法の制限を緩め、地方裁判所の事件についても被告人その他の供述録取書などを有罪の証拠にできるようにしたこと。有罪判決を下すに際しては個々の証拠の内容を示してその罪となるべき事実を認定した理由を説明することとしていたのを緩和して、証拠理由の代わりに単に事実認定に用いた証拠の標目を羅列すればよいとしたこと。これらがその主な内容であった。

2　無視される基本原則

罪刑法定主義および明確性原則

犯罪と刑罰をあらかじめ法律で規定しておかなければならないというのが罪刑法定主義の形式的な理解である。しかし、罪刑法定主義が近代刑法の基本原則とされたのはこのような形式的な法律主義を超えた実質的な内容を含んでいたからである。すなわち、犯罪は行為でなければならない（行為原則）。したがって、思想・信条は犯罪とすることはできない（宗教犯罪などの廃棄）。また、犯罪は社会に有害な結果を引き起こす行為でなければならない（罪刑の社会有害行為への限定）。さらに犯罪と刑罰をあらかじめ規定する法律を制定するのは市民である（市民による立法）。立法者はできる限り刑罰法規を具体的かつ明確に規定しなければならない（明確性の原則）。このような理解がそれである。もちろん、それは近代法のよって立つ自由主義、民主主義に由来するものであった。一七八九年のフランス人権宣言第八条が罪刑法定主義のヨーロッパにおける淵源とされるのもこのような実質的な意味においてである。

旧刑法は第二条で「法律ニ正条ナキ者ハ何等ノ所為ト雖モ之ヲ罰スルコトヲ得ス」と規定し、罪刑法定主義を明文で謳った。ただし、市民階級が未発達であった戦前の日本ではこのように罪刑法定主義が明文で規定されたとしても、形式的な理解に矮小化されたり、この形式的な理解でさえも形骸化されることは少なくなかった。明確性の原則や社会有害行為への限定の原則などが破られることも少なくなかった。その反面、例えば治安維持法の反対運動に見られるように有産市民に代わって無産市民が罪刑法定主義の主張者として登場することになった。

治安維持法の議会審議においても罪刑法定主義をはじめとする近代刑法の基本原則が問題となった。とりわけ問題とされたのは明確性の原則であった。治安維持法では「国体の変革」や「私有財産制度の否認」などといった曖昧な概念が用いられていたからである。「この法律は如何に弁じましても、その法文は明確でないということは、これは一点疑いのないことである。……故にこの法律が濫用せらるる虞があるということは、これは一見自明の理であると思う」(坂東幸太郎)などといった疑問が少なくない議員から示された。しかし、政府にはより明確な概念を用いるという考え方は毛頭なかった。法文に明確な概念を用いることによって適用対象を限定するというのではなく、取締り当局が実質的な判断に基づき取締り対象を限定することによって適用対象を限定するという立法方法を採用していた。このような方法にとっては法文の概念は曖昧な方が望むところであった。法文の制約なしに実質的な判断ができたからである。「明確性」原則は刑法には妥当しても治安維持法にはなじまないと考えられた。限定解釈しようというような姿勢も政府には見られなかった。

このような実質的な判断については濫用の恐れを指摘する向きがあるかもしれないが、その恐れはない。この判断は共産主義や無政府主義の問題に明るい思想検事や思想判事がよくなし得るところのものだからというのが政府の答弁であった。法案に賛成の議員からも「健全なる労働者、庶民階級の運動につきましては、我々は寧ろこれを喜ぶものである。この法案は決してかようなものをかれこれするのじゃない」(大河内輝耕)という意見が表明された。

このような立法方法は取締り当局が取締りの方針を変えれば条文を改正しなくても適用対象を拡げ得ることを意味した。罪刑法定主義の意味も取締り当局による取締り活動を法的に抑制する点にではなく、右の活動を無条件かつ絶対的に正当化する点に置かれることになった。大審院をはじめとする「菊の御紋」の裁判所もこれにお墨付きを与えた。治安維持法第一条を初めて適用して起訴された北海道旭川集産党事件に関する一九二九(昭和四)年四月三十日の大審院判決は、違法とされる「私有財産制度の否認」とは何かを検討し厳密に定義した上でこの定義に照らして本件事案が違法とされる「私有財産制度の否認」に該当するかどうかを判断すべきだという弁護人の主張を退けて、違法とされる「私有財産制度の否認」について何ら定義を示すことなく、共産主義の実質を有するから違法とされる「私有財産制度の否認」に該当するとした。共産主義の実質を有するという点についても結論が示されるだけで何ら理由は示されなかった。

侵害原則

犯罪は社会有害行為でなければならないという侵害原則も治安維持法では無視された。政治的な予防主義をとる以上、それは当然のこととされた。司法省刑事局長は次のように答弁している。

「刑法の規定は公益を直接侵害する、こう云うものが刑法の実質であります。単純なる危険を罰すると云うことは刑法の本質でないのであります。常に刑法は公益の侵害と云うことを前提と致す訳でありますが、この(治安維持法─引用者)案の規定する所は公益を直接でなくして、即ち公益の侵害を予防する。こう云うことが、刑法から引離してかくの如きものに纏めて規定するを最も適当なりと信じます」

思想検事が「公益の侵害を予防する」という観点から治安維持法によって取り締まるべき結社行為だと思料すれば、当該結社行為は社会有害行為どころか、その遥か以前の行為であっても厳罰に処された。

しかし、問題はそれだけではなかった。「国体の変革」の罪が初めて適用されて起訴された北海道共産党事件に関する一九二九(昭和四)年五月三十一日の大審院判決では、前にも触れたように、弁護人は「国体」の学理上の意味は明らかに伝統的風俗習慣道徳にいうところにあり、このような意味の「国体」は変革することが不可能であって、「国体の変革」を目的とする行為は絶対的不能犯で、「絶対的不能の事実」を目的とする行為を断罪の対象とすることはできないという主張が原審で退けられたことから上告をした。しかし、大審院は「国体の変革」の罪が成立することとは「多言を要せざるところ」とした。何故、「多言を要せざるところ」かについて理由は何ら示されることはなかった。「国体の変革」の罪といっても「国体の変革」はあくまでも名目に過ぎなかった。

それもある意味では当然といえよう。治安維持法は結社規制法として行為刑法ではなく徹底した行為者刑法を採用したからである。治安維持法の標的とされる秘密結社に関わると思想検事が思料する者はすべて、その行為がどのような行為であったとしても「国体の変革」に結びつき得る「結社行為」とみなされて、何故、結びつき得るかの説明はほとんど示されることなく厳罰に処された。

責任原則

責任原則とは当該行為が罰条の構成要件に該当し、違法性が肯定されたとしても「責任」が認められなければ有罪として処罰し得ないとする考え方である。罪刑法定主義や行為主義などと並んで近代刑法の基本原則の一つとされる。責任要素として現行刑法が規定するのは故意・過失、責任年齢、責任能力などである。明文規定はないが、期待可能性や違法性の意識(その可能性)なども責任要素とされている。目的犯の場合、故意にも増して「目的の認識」が責任の有無に当たって重要性を持つ。

治安維持法の罪はいずれも目的犯とされた。それが過激社会運動取締法案に比して取締り対象を限定したと政府が強弁する理由の一つとされたことは前述した。昭和三年改正で導入された「結社目的遂行行為」の罪も目的犯とされた。政府は議会での審議に際してこの結社目的遂行行為の罪は協議罪や利益供与罪などと同様に目的犯だと説明した。司法省も一九三一(昭和六)年三月二十七日の司法次官通牒によって「結社目的遂行行為」の罪で学生を検挙した場合、「不動の理論的信条」「強固なる決心」をもつ学生に限って起訴するように指示した。

しかし、この方針は直ちに改められることになった。大審院は客観面のみならず、主観面においても新たな解釈を提示した。一九三一年五月二十一日の大審院判決は次のように判示したからである。

「治安維持法第一条に所謂、結社の目的遂行の為にする行為とは、国体の変革または私有財産制度の否認を目的として組織したる結社なることを認識して該結社を支持しその拡大を図る等、結社の目的遂行に資すべき一切の行為を包含するものと解すべきものなるをもって、いやしくも叙上の如き結社なることを知りながら、これが支持拡大に資すべき行為ありたる以上、その行為が国体の変革または私有財産制度否認の目的に出でたると否と、また、右目的と直接重要なる関係あると否とは同法第一条第一項第二項各後段の罪の成立に消長を来すべきものにあらず」

本判例により「結社目的遂行行為」の罪は客観面のみならず主観面でも非目的犯とされることになった。責任原則は無視された。

責任原則の無視は「共産党の認識」についてもみられた。為政者によると「共産党等」をもって「国体変革」結社ないし「私有財産制度否認」結社とみなされ、「共産党等」の活動に資する行為をもって「結社目的遂行行為」の罪にあたると問擬された。とすると、「結社目的遂行行為」の罪の成立には「共産党」がそのような結社であること、あるいは少なくとも共産党がどのような活動をしているか、その活動実態についての認識が被告人には必要だというのが責任原則からの帰結ということになる。被告・弁護人もそのような主張を公判廷で行った。しかし、一九三二(昭和七)年三月十五日の大審院判決は「被告人が日本共産党と組織上の関係を有し、かつ同党の組織の内容または組織拡大方法を知悉したることを要するものにあらず」と判示したのである。

結社目的遂行行為の罪

「結社目的遂行行為」の罪が制定されて以来、同罪を用いて文化団体や研究組織、雑誌社、さらには労働組合など、様々な団体を日本共産党の「外郭団体」として処罰し取り締まることができるとする一連の大審院判決が言い渡されている。労働組合などを「国体の変革」「私有財産制度の否認」を目的とする結社に問擬するための法理も考案された。一九三一(昭和六)年七月九日の大審院判決が採用した「終局の目標」論もその一つであった。たとえ、当該労働組合が「それ自体、経済闘争を使命とし、従って国体の変革、私有財産制度の否認を目的とするものにはあらざる」としても、「その終局の目標」が「労働者の解放」、すなわち、「共産主義社会の実現」にあるとすれば、当該組合は「国体の変革または私有財産制度の否認」を目的とする結社だということができるとされた。

もっとも、そうだとしても当該組合などが「共産主義社会の実現」(=「国体の変革または私有財産制度の否認」)のための具体的な行動を行っていない以上、当該組合などをもって「国体の変革」または「私有財産制度の否認」を目的とする結社として治安維持法第一条で処罰することは難しい。そこで考え出されたのが「他力実現」論である。「治安維持法に所謂、国体の変革または私有財産制度の否認を目的とする結社とは、必ずしもその結社独自の力によってその目的の実現を為し得る組織体たることを要せず、他の同一目的を有する結社と相俟ちて右の目的の実現を為す結社もまた、右に所謂、結社たるものとする」という一九三二(昭和七)年四月二十八日の大審院判決が採用した論理である。

しかし、この論理にも問題が残る。当該組合と日本共産党との間には「直接の関係」は存しないからである。にもかかわらず、「日本共産党の支援」を肯定するために考案されたのが、一九三三(昭和八)年三月十四日の大審院判決が採用した「直接の関係は不要」論である。「治安維持法は、いやしくも我国体を変革し、私有財産制度を否認することを目的とする結社の目的遂行の為にする行為ありたる者に対しては、該行為が目的遂行の為、直接なると間接なるとを問わず、総てこれを処罰すべき趣旨なりとする」というものであった。当該組合などが独自の目的を持ち、独自の活動を行っていたとしても、そのことは「結社目的遂行行為」の罪に問擬することには何ら支障にならないとされた。

これでは被告・弁護人の指摘するように「世のあらゆる反資本主義的行為」をすべて治安維持法違反で処罰するという不当な結果を招来することになりかねなかった。現に共産党員である夫のために妻が家事一切を行うことも「目的遂行の為にする行為」として処罰されることになった。「(日本共産党中央委員長の—引用者)田中清玄等を宿泊せしめたること」も「結社の目的遂行の為にする行為」に該当するとされた。治安維持法第五条の規定する行為の態様が「金品其ノ他ノ財産上ノ利益ヲ供与シ又ハ其ノ申込若ハ約束ヲ為」すことに限定されているために第五条違反では無罪とせざるを得ないことから、有罪とするために第一条にいう「結社ノ目的遂行ノ為ニスル行為」を無理に拡大解釈してこれに該当するとされたものと考えられる。不可罰の幇助行為を拡大解釈により正犯行為に格上げして「法の網」の漏れを補い、有罪とすることも治安維持法違反の罪の解釈の特徴であった。ここでも行為原則は無視された。

3　ずさんな事実認定と死刑の導入

事実と評価の逆転

ずさんな事実認定というのも治安維持法違反被告事件の刑事裁判の特徴であった。事実から出発してその構成要件該当性を判断するというのではなく、治安維持法の構成要件に該当するという規範的評価がまず初めにあってそれに符合するような事実が列挙されるのである。したがって、どの判決・決定においても事実認定はワンパターンなものになっている。「小事実」を当罰的な規範的評価を織り込んで「特大事実」に膨らませていくという手法が一貫して採用されている。

事実誤認の訴えを理由なく却下

岡山無産者運動事件について原審の認定した「罪となるべき事実」のうち「大師堂での座談会」に係る部分は概要、次のようなものであった。

「昭和四年十月下旬頃の夜、岡山県和気郡本庄大字日室の山腹に在る大師堂において、無産運動に興味を有する恒次光高ほか四名の農民および労働者と荻野なる偽名にて密に会合し、同人等に対し、私有財産制度を認めたる資本主義社会は矛盾し居るをもって、革命の方法に依りこれを改革し、無産階級を解放せられるべからず。しかも、その解放は日本共産党の力に依るのほかなし。同党は度々の検挙に遭いたるも、依然コンミンテルンの一支部として活動し居るをもって、諸君は日本共産党を支持し、その指揮下に活動し、無産階級の解放を期せざるべからず。また、無産階級解放運動に関する新聞雑誌を読みて階級意識を高め、農民組合労働組合を組織し、団結の力に依り無産運動を起すべき旨、説示して、日本共産党の存在およびその活動を知らしめると共に、同党に共鳴し、これを支持すべき旨を宣伝、煽動し、もって、いずれも日本共産党の目的遂行の為にする行為を為した」

これに対し、被告人から上告がなされた。事実誤認も理由の一つとされた。そのうち「大師堂での座談会」に関する部分は次のようなものであった。

「大師堂の会合が農村青年の招待を受けたるもので、全く日本共産党と無関連なることは、疑を挿む余地なきのみならず、……座談会の如きもその内容は未知の青年数名に対し不景気問題、戦争問題、金解禁問題、資本主義経済組織の矛盾等に関して互に論談したるに止まり、たまたま、話題が日本共産党に及んだと云う迄であって、具体的に日本共産党の目的遂行の為の協議と認められるべきものでない。この座談会に会合せる人物は、予審調書に明なる如く、僅に文芸雑誌「戦旗」の読者に過ぎず、その意識水準、極めて低く偶農民運動に多少の興味を有せし程度のものにして、しかも偶全部被告人に未知であって、被告人がかかる会合者に対し日本共産党の為に積極的に活動すべきものなる旨の運動を為すが如きことは、常識をもって考えるべからざることである」

しかし、大審院は原審と同様に「大師堂において、無産運動に興味を有する恒次光高ほか四名と、荻野なる偽名をもって密会し、無産階級の解放は日本共産党の力に依るのほかなし。諸君は日本共産党を支持し、その指揮下に活動し、無産階級の解放を期し、また、階級意識を高め農民組合労働組合を組織し、団結の力に依り無産運動を起すべき旨を説示し、もって日本共産党の存在およびその活動を知了せしめると共に、同党に共鳴しこれを支持すべき旨を宣伝、煽動したり」と認定した。原審の事実認定がなぜ事実誤認でないのか、その理由が示されることはまったくなかった。青年数名との座談会も原審と同様、「密会」と表現された。

公知の事実

治安維持法違反被告事件において被告人・弁護人は様々な「合理的な疑問」を掲げて日本共

産党をもって治安維持法第一条にいう「国体を変革することを目的とする結社」や「私有財産制度を否認することを目的とする結社」にあたるとすることは無理があると論難し続けた。これらの論難を裁判所は何ら理由を示すことなく退けてきた。そして、ついに下級審は「公知の事実」論を採用するに至った。日本共産党が治安維持法にいう「国体を変革する結社」や「私有財産制度を否認する結社」だということは証明の必要のない「公知の事実」だとされた。

この「公知の事実」論に対し、被告人・弁護人は理由不備だとして上告した。「日本共産党なるものの目的は如何なるものなりや。同党の目的、政策、綱領は公表を許さざるものなるをもって、一般に知られるの理なく、我国国民の大多数においては日本共産党の存在すら知らざる状態なるに、原判決はこの事実を無視し、日本共産党が判示の如き目的を有する秘密結社なることは公知の事実なりと説示したるは、証拠、理由不備の違法あるものにして、破毀すべきものと信ずる」と主張した。

しかし、ナップ作家事件に関する一九三四(昭和九)年十月九日の大審院判決は「日本共産党が原判示の如き目的を有する秘密結社なることは、裁判所に顕著なる事実なりと云うを妨げざるをもって、特に証拠に依りこれを認めたる理由を説明するの要なし」と判示し、「公知の事実」論にお墨付きを与えた。

自白などによる証明の困難化に困った大審院が考え出した対策が証明不要の「公知の事実」論の判例化であった。治安維持法の逸脱適用は規範的・当罰的な事実認定によって支えられたが、こうした事実認定にとどまらず事実認定自体を空洞化し、「公知の事実」とすることによって当罰性の事実化が図られることになった。

死刑の導入と拡大

昭和三年改正法により治安維持法違反の罪に死刑を導入した理由について政府によると次のように趣旨説明された。

「国体変革の計画はひとりこの種の直接の暴力的行為を手段とするもののみには止らぬのでありまして、秘密結社の組織に依りまして国民の思想を腐蝕悪化し、一兵にむさぼらざるもなお国体の破壊を惹起し得べき手段に依るものもあるのであります。これは思想的内乱罪とも申して宜しいのであります。その恐るべきことは決して暴力を用いるものに譲らないのでありますす。しかしてこの種の結社団体は国際的赤化を目的と致しまする国外団体と気脈を通じまして、その頤使《いし》（あごで指図して思いのままに人を使うこと──引用者）に甘んじ、金甌無欠《きんおうむけつ》の我が国体の崩壊を企画するものであります。かかる団体の行動は実に恐るべく、また最も憎むべき売国的のものでありまして、その危険なることは刑法所定の外患罪に譲る所はないのであります。これは即ち思想的外患罪と申しても宜しいのであります。しかるに刑法が大逆罪、内乱罪及外患罪に対しまして、極刑を科して居りまするにも拘りませず、現行治安維持法が国体変革を目的とする結社につきまして、僅に十年以下の有期刑をもってして居りまするのは、権衡を得たるものと云うことは出来ぬと考えます。かくの如くでありましては到底我が帝国の治安維持の目的を達することは出来ないのでありますから、ここに本案を提出した所以であります」(原嘉道司法大臣)

これに対し少なくない議員から疑問の声が出された。なかでも注目されたのは斎藤隆夫の死刑反対論であった。

「刑罰の目的は犯罪者を苦めるにあらずして、犯罪者の身体を保持し、犯罪者の精神を教養し、犯罪者の人格を向上せしめて、もって一般の国民と共同の生活が出来るようにする。これが刑罰の目的であると、……これは決して原司法大臣独特の説ではないが、本員はもとよりこれに賛成するのであります。しかるに犯罪者に向って死刑を科する。一度人を殺したならば、刑罰の目的と云うものは、全然達することが出来ないのであります。人を死刑に処した後に、その人の身体を保持することは出来ない。その人の精神を教養することは出来ない。その人の人格を向上せしむることは出来ない。その人をして一般の民衆と共同生活を為さしめることは出来ないのである。故に、立法は濫《みだり》に人を殺す所の法律を作るべからず。いわんや、立憲政治の下におきまして、国民の代表の承諾を得ずして殺人法を制定するが如きは、政府として大に警《いまし》めなければならぬのであります。……明治大帝の御製の中においてかくの如きものがある。「罪あらば我を咎めよ。天津神民は我身の生みし子なれば」。今日の政府当局者の、この聖旨に対して何の面目があるか。……明治大帝の御聖旨に反《そむ》いて日本臣民を殺す所の法律を作る。政府の為す所、実に言うに堪えないのであります」

斎藤によるとこのように批判された。死刑は刑罰の目的に反するとされた。斎藤の主張は今日でも少しも色あせていない。誤判だと分かっても死刑が執行された場合は救済はもはや不可能だということ。犯罪被害者・遺族が真に求めているのは真実と真摯な反省を犯人から聞くことであるが、死刑が執行された場合はそれが不可能となること。これらも死刑廃止の根拠とされている。

朝鮮での死刑の言渡し

治安維持法は一九二五(大正十四)年四月二十二日に公布され、五月十二日に施行された。朝鮮半島などの植民地支配地域にも当初から施行された。五月八日の勅令第一七五号「治安維持法ヲ朝鮮、台湾及樺太ニ施行スルノ件」および勅令第一七六号「関東州及南洋群島ニ於テハ治安維持ニ関シ治安維持法ニ依ルノ件」が出され、「内地」と同じ五月十二日から施行された。二つの勅令が必要だったのは、朝鮮など帝国領土と相借地である関東州、委任統治領である南洋群島では名目的に法律「施行」と法律「依用」という違いがあったからである。

このうち独立運動を抑え込む必要から本国よりも治安維持法を制定する動きが早く、厳罰化の傾向がより強かった朝鮮における治安維持法適用については次のような特徴が指摘されている。

植民地での治安維持法の施行は勅令によるものであった。植民地の独立を目的とする運動に治安維持法の「国体の変革」条項が適用された。海外に住む朝鮮人(特に中国で活動する朝鮮人)についても治安維持法が適用された。植民地朝鮮では治安維持法違反被告事件の刑事裁判の量刑が重かった。転向の規準が日本の「内地」と異なり、その内実が厳しく問われた。保護観察の下で大和塾という独特のシステムが築かれた。予防拘禁制度が「内地」に先駆けて実施された。

これらに加えて、「内地」と異なり植民地朝鮮においては多くの死刑判決が下されたことも特徴とし得よう。四八名に死刑判決が言い渡された。その多くは刑法の他の罪も付されたが、一九三〇(昭和五)年の第五次間島共産党事件では治安維持法違反のみでも一名が死刑とされた。

懲役と禁錮の選択

大審院は名古屋共産党事件に関する一九三〇(昭和五)年二月二十一日の判決において「治安維持法に規定する懲役刑および禁錮刑のいずれを選択すべきや」について概要、次のように判示した。

一、今、本件被告人の犯行について考査するに、被告人等はいずれも年少気鋭、しかも多くは逆境に生長し、現社会制度の欠陥を感ずること特に痛切なる余り、共産主義の全貌について深く研究検討するいとまなくたやすくこれを迎え、これに依りて自己と同じく悩める者の地位を向上せしめ、社会人類をより幸福ならしめ得べしとの信念の下に、その第一歩として本件犯行に及びたるものなること明にして、即ち自己が虐げられたる社会制度の欠陥を是正し、自己と同一の立場にある多数者を救うの道はこの方法を措き他に求むる能《あた》わずと為したるものが故に、今、徒《いたずら》に被告人等の罪過を数えるに急にして、被告人等の胸臆における一片仲々《ちゅうちゅう》の心を見ざるは、蓋《けだ》し偏狭固陋《ころう》のそしりを免れず。寧ろこれを遇するに寛宏大度《たいど》、彼等に反省の余地を与えて国家の大を示すこそ、蓋し彼等に対する公正の道なるべきを信じる。

二、尤も、被告人等の手にしたる判示ビラ、パンフレットの中には君主制度の撤廃を論じて、時にやや穏当を欠く文献なきにあらざるをもって、かかる字句を捉えて被告人等に懲役刑を科すべしとする論なきにあらざるとも、該文詞の全趣旨を検すれば、その言わんとする所は生産機関を無産階級の手に収めんとする共産主義の樹立に在り、君主制度の撤廃を論ずるはこれと元来、相容れざる共産主義を主張するの自然の帰結にほかならざるをもって、この点あるの故をもって懲役刑を科するは法の趣旨にあらず。

治安維持法の適用対象が異常に拡大された結果、本件被告人らのような者などが起訴されるに至ったことからこのような量刑が行われたものといえよう。それでも執行猶予は付されずに実刑とされている。治安維持法の採用した厳罰主義の下では寛刑といっても限界があった。以後、この規準に則って量刑されることになる。戦争の泥沼化に従って治安維持法違反の罪の「非破廉恥罪」性よりも「破廉恥罪」性が強調されるようになる。適用対象が拡大しても寛刑ではなく厳刑が採用されるようになる。

争えなくなった量刑

一九二九(昭和四)年の四・一六事件(千葉事件)について原審判決は検察官の求刑に沿って懲役六年、五年、四年というように重い刑を言い渡している。処罰範囲を拡大するのであれば量刑でバランスをとる必要があるように思われるが、そのような考慮はなされていない。にもかかわらず、この点は上告理由とされていない。この点も事実認定と同様、上告審では争点にされていない。事実認定と同様、量刑についても大審院が「問答無用」の態度をとったために争いようがなかったということであろう。検察官主導の量刑が定着した。ここでも司法の役割放棄が認められる。

第三章　戦時から平時へ

1　検察官司法の温存

予審制度と検察官

刑事裁判が有罪判決を言い渡すためだけの単なる儀式となる場合の一つとして裁判官ではなくて検察官が有罪か無罪かを、そして有罪の場合の量刑を事実上決める、いわゆる検察官司法の場合がある。

フランスの検察官制度はプロイセン、ドイツ、ロシア、そして日本へと継受された。日本には一八七二(明治五)年の司法職務定制(同年八月三日太政官無号達)によって導入された。近代的なフランスの検察官制度を採用しながらも、従前の律令系体制下の弾正台《だんじょうだい》に似た機能を検事に求めたものであった。当初は検察官の地位は決して高いものではなかった。「上からの近代化」

を強力に推し進める明治政府の下ではそもそも司法の地位が低く、行政官庁であっても検事局のような司法関連の部局には予算も人材も集まらなかった。

司法の領域で大きな権限をもっていたのは裁判所であった。予審制度は一八八〇(明治十三)年に制定された治罪法(同年太政官布告第三七号)によって導入された。予審制度とは検察官が請求した事件について予審判事と呼ばれる裁判官が公判前にこれを審理するという制度で、公判を開くまでもなく手続を打ち切るべき事件については予審限りで被告人を解放するという自由主義的な側面と、公判前に非公開の手続で綿密に証拠収集を遂げ、公判における有罪判決をほとんど完全に準備するという糾問主義的な側面とを併せ持つ制度であった。

予審制度が採用されたことも検察官の地位を低くしていた。予審制度のもとでは強制処分はもっぱら予審判事の権能とされ、司法警察官吏や検察官には現行犯の逮捕権しか与えられなかった。そのために検察官は原則として任意捜査しかできず、一応の捜査を終えればほぼすべての事件を予審に送らなければならなかった。しかも、任意捜査は多くの人員を擁する警察組織に委ねられることが多かったために、検察は発足当時から予審判事と警察の狭間に置かれてその権限は大きなものではなかった。

戦時における検察官司法の強化

一八八五（明治十八）年から認められた微罪不処分という名目で起訴猶予にする権限を最大限に活用して、検察は事件の詳細を把握して公訴提起の精度を挙げることに全力を注いだ。この検察の努力は次第に実を結び、検察は刑事司法制度のなかで大きな力を得ていくことになった。法的に認められた制度ではなかったが、起訴猶予処分は事実上の慣行として定着し拡大していった。一九〇九（明治四十二）年には刑事統計年表に「起訴猶予」という欄が新設されるまでになった。起訴猶予処分の急増に反比例して予審免訴や無罪判決は激減していった。その結果、一九二二（大正十一）年の大正刑事訴訟法（旧刑訴法。大正十一年法律第七五号）では絶対主義的起訴便宜主義が明文化されることになった。

一九〇九年頃からは検察官僚の裁判官に対する司法行政上の優位性が明白となっていった。捜査機関としての検察機関の警察機関に対する地位の向上も一九〇九年、一九一〇年頃から見られ出した。このような検察官の権限拡大は検察官と被告・弁護人の両当事者の攻撃・防御を中心に公判手続を進めるという公判手続の当事者主義化への論理的契機を用意する一方で、従前の糺問主義的予審判事司法との間で緊張を高めていった。予審制度の廃止と司法警察官の直属化という検察の願いは大正刑訴法では実現されなかったが、検察は通常起訴、略式起訴、起訴猶予、不起訴という四つの選択肢を入手することにより事件処理についての強力な権限を握ることになった。起訴猶予制度が明文化されたことからその運用は一段と活発化した。

大正期から昭和初期になると検察は機構的にも手続的にも刑事司法を掌握するに至った。もはや「糾問主義的検察官司法」と呼んでよいほどであった。帝人株取得をめぐる大疑獄事件で、斎藤実内閣を総辞職に導いた一九三四(昭和九)年の帝人事件など、内閣の存亡にも影響を与える巨大官僚組織へと変貌していった。

治安維持法違反事件等に係る「思想司法」を牽引したのも裁判所ではなく「思想検察」であった。一九四一(昭和十六)年の治安維持法の全面改正と国防保安法(同年法律第四九号)の制定等により刑事手続も戦時ファシズム体制のなかに繰り込まれていった。このような流れの中で検察が何よりも狙ったのは、強制捜査権の獲得と取調べで獲得した自白調書等の証拠能力の獲得であった。

司法警察官に対する優位性は実現せず

検事に強制捜査権を付与することの意義には二つの側面があった。一つは予審判事に対するものであった。この面においては検察官の狙いは達成されるところとなった。裁判官がこれに抵抗することはもはやなかった。もう一つの面は司法警察官を検事の直属下ないし主導下に置くという司法警察官に対するものであった。その口実とされたのが検事が捜査全般を主導することから人権蹂躪問題の発生を食い止めることができるというものであった。「焼け太り」の回答という色彩が濃厚であったが、この面では司法省の狙いは実現しなかった。これに対する特高警察の反発は大きなものがあった。

司法省は国防保安法事件および治安維持法違反事件の強制捜査について検事の主導性を確保しようとしたが、その効果は上がらなかった。一九四二(昭和十七)年二月十七日に開催された臨時思想実務家会同では、現場の検事から、捜査関係情報の提供も含めて警察から協力を得られないために「無力を痛感する」等の悲観的感想が相次いで出された。憲兵隊が統帥権を盾にとって「検事の指揮を排除せんとする傾向」が顕著だという指摘もなされた。

警察当局は依然として行政検束を捜査手段として利用した。検察当局も行政検束の濫用を防《ぼう》遏《あつ》し、捜査の一元化を図るためと称して強制捜査権を果敢に発動した。それは「嫌疑なき」人身拘束の横行であり、人権蹂躪の拡大にほかならなかった。「検察官司法」の実現がもたらしたのはこのような人権蹂躪の拡大であった。

略式手続

略式命令手続も刑事裁判を儀式化する場合の一つといえよう。略式命令とは言い渡される刑が比較的軽いことおよび被告人がそれに同意していることを理由として必要な手続を踏まずに有罪を言い渡す手続である。平時では例外的にしか容認されない手続であった。それ故に戦時刑事手続だとして戦争とともにその拡大が提案された。

簡略な刑事手続を規定したものとしてすでに一九一三(大正二)年に刑事略式手続法(同年法律第二〇号)が制定されていた。一九四三(昭和十八)年に一部改正された戦時刑事特別法(同年法律第一〇七号)はこの略式命令の範囲を拡大した。自白獲得のために被告人との取引ないし恫喝の可能性を検察機関へ付与することを意味する略式手続は刑事手続における検察機関の比重の増大に貢献した。

公判手続の簡易化はその他のところにまで及んでおり、「公判調書ニ被告人、証人、鑑定人、通事又ハ翻訳人ノ訊問及供述ヲ記載スルニハ其ノ供述ノ要領ノミヲ明確ニスルヲ以テ足ル」(第二二条の二)、「裁判所又ハ予審判事相当ト認ムルトキハ証人又ハ鑑定人ノ訊問ニ代ヘ書面ノ提出ヲ為サシムルコトヲ得」(第二二条の三)という規定も同昭和十八年改正で追加された。

裁判所構成法戦時特例も同じく一九四三年に改正されている。同改正特例(昭和十八年法律第一〇五号)のうち刑事手続に関する主な点は区裁判所の事物管轄をさらに拡張したこと、第一審の判決に対しては控訴をなすことができないとしたことである。

被告人側からの疑問の提起を可能な限り封じ込め、可能な限り簡易迅速に有罪判決を言い渡す。手続を略式化し、有罪判決文も簡易に書くことを認める。有罪判決に対する控訴も認めない。このような刑事裁判の儀式化をもって司法大臣によると「司法の一層敏活なる処理」「司法の効果の発揮」とされている。それは権力者が権力の一極集中ないしファシズム体制の構築をもって「迅速なる政治決定システム」の確立と誇るのと同様であった。

無罪推定の原則に基づき「疑わしいときは被告人の有利に」という観点から被告人側の提起する疑問が有罪判決を下し得ない「合理的な疑い」に当たるかどうかを丹念に検討するという刑事裁判の意義が顧慮されることはもはやなかった。この刑事裁判では無法が「合法性の衣」をまとって闊歩することになった。検察官司法がそれを牽引した。

特高警察

政府は大逆事件の落着後の一九一一(明治四十四)年八月、警視庁訓令を改正して警視総監官房高等課から特別高等課を分離独立させた。特高課は同盟罷業、爆発物、新聞・雑誌その他の出版物および碑文等の検閲を管掌するとされた。併せて、内務省警保局保安課に社会運動取締りの専任職員が新たに置かれることになった。翌一九一二(明治四十五)年十月には大阪府にも特高課が設置された。特高警察が全国に拡げられたのは治安維持法が改正された一九二八(昭和三)年で、同年七月、すべての県警察部に特高課が設けられ、その機構も大幅に拡張された。内務省警保局の専任職員も増員され、新たに司法警察権を有する警務官および警務官補が設けられた。大がかりな一斉検挙等の場合は警務官などが地方に出張して全国各地の特高課を指揮することができるようにされた。特高課は一九三二(昭和七)年には外事課を合併して特高部に昇格した。

一般警察官の中でも特高警察官は超エリートであった。特高警察官の数は大きい警察署で七、八人、小さな警察署で二、三人、警視庁特高部では多い時は六〇〇人、大阪府特高部では一五〇人位といわれている。警察はもとより中央集権的であったが、特高警察はより中央集権的であった。各地の情報はこの中央集権機構を通して警保局に集められた。

容疑者をスパイし拷問を用いた取調べを行うのが特高警察の任務であった。取締り対象者の身柄拘束についても行政執行法(明治三十三年法律第八四号)の定める行政検束制度(翌日の日没までと限られた)や、違警罪即決例(明治十八年太政官布告第三一号)および警察犯処罰令(明治四十一年内務省令第一六号)の定める短期の拘留制度(最高二九日まで)等が濫用された。二、三か月位の不当拘束は普通のように行われた。一九三〇年代になると被疑者は虱や南京虫の巣窟である留置場での生活を半年も一年も送らなければならなくなった。その間、風呂にも入れなかった。このような濫用は帝国議会でも人権蹂躪として大きく取り上げられた。しかし、そのような人権蹂躪問題は存在しないというのが政府の公式答弁であった。

一九三二(昭和七)年十月、特高警察のスパイの手で警視庁特高警察に逮捕された日本共産党幹部の岩田義道は四日後、遺体になって夫人に引き取られた。岩田の死から三か月あまり後の一九三三(昭和八)年二月、小林多喜二が築地警察署に留置された。その七時間後には死体になっていた。小林の遺体は翌日、自宅に運ばれた。遺体はひどい状況であった。しかし、遺体解剖は警視庁の手が回っていてどの大学病院でも断られた。特高警察官は弔問に小林家を訪れる人たちをかたっぱしから検束した。公けの葬儀を催すことも許さなかった。

思想検事の誕生

三・一五事件の直後の一九二八(昭和三)年五月末、司法省は思想検事の全国的配置に先立って刑事局長名で思想検事の任務に関する「思想係検事事務分掌規準」(昭和三年秘第九五一号)を各検事長・検事正宛に通牒している。ここでは行為のみならず行為者の人格・性格、思想信条、交友関係、成育歴等をも俎上に載せるという日本型刑事裁判の特徴がより濃厚に看取される。思想検事による「思想犯事件の社会調査」というのは「個別事件のための社会調査」というよりは「治安事象の動向分析のための社会調査」といった性格がより強かった。

司法省刑事局の拡充・整備にともない、検事局も一九三九(昭和十四)年八月、一九四一(昭和十六)年八月の二度にわたって拡充をみた。一九四一年の拡充の中心は東京刑事地方裁判所検事局思想部の増強にあった。官制上の定員は九人となり、思想検察の第一線をいちだんとリードすることになった。このとき、思想検事の数的拡充にとどまらず思想検察強化策も打ち出された。

対米英蘭開戦が迫ってきた一九四一年九月、池田克刑事局長は検事長・検事正に「非常事態ニ対処スベキ思想検察運用方針」を通牒し、思想検事には普通事件の分配を少なくしてなるべく専任とすべきことを述べている。同年十一月、「思想司法」全体の大幅な拡充が実現する。思想検事の拡充は三回目であるが、今回の規模は最大で、思想検事数が最大規模になった。思想検事の官制上の定員は七八人、内訳は大審院検事局が一人、控訴院検事局が七人、地裁検事局が七〇人である。五一ある地裁検事局で官制上まだ未配置なのは一四検事局に減った。全国の思想検察事務の統括者として大審院検事局に勅任の思想検事が配置された。

思想検事の関わる領域と任務が膨張したことは一九二八(昭和三)年制定の「思想係検事事務分掌規準」をまったく不十分なものとさせた。そのため一九四二(昭和十七)年一月、全二二か条に及ぶ「思想検察規範」が制定された。池田刑事局長は同年二月、臨時思想実務家会同においてこの「規範」の運用方針を指示するにあたり、「思想検察こそは、あらゆる反国家的思想とそれに基く反抗とを防遏することに依り、国防思想の醇化を図り、皇基を永久に存続維持せしめんとするもの」と述べ、特高警察に負けじと「陛下の検察官」意識を強調した。こうして思想検察は「国体護持」と結びつくことでますます全検察および司法部全体のなかでも圧倒的に優位な位置を占めていく。思想検事、そして思想判事はまさに「思想国防の支柱」(池田刑事局長)とされた。

戦後における検察官司法の温存

日本国憲法の制定に伴い、刑事訴訟法の全面改正の問題が浮上することになった。しかし、憲法の施行日(昭和二十二年五月三日)までに全面改正を行うことは難しいということから、「日本国憲法の施行に伴う刑事訴訟法の応急的措置に関する法律」(昭和二十二年法律第七六号)がひとまず制定されることになった。

制定に当たったのは木村篤太郎国務大臣(司法大臣)であった。木村は長く在野法曹として活動したが、幣原喜重郎内閣によって検事総長に登用され、吉田茂内閣では司法大臣として初入閣し、日本国憲法の署名に名を連ねた。その後、公職追放されたが、追放解除後間もなく吉田茂内閣の法務総裁(後に法務大臣)として再入閣した。法務総裁としては自ら立案した破壊活動防止法(昭和二十七年法律第二四〇号)の制定に尽力した。木村は弁護士会会長も務めたが、公職追放され破壊活動防止法の制定に尽力した者が戦後の刑事訴訟法の形作りの要に当たったということになる。

応急措置法の制定により検察は戦前でさえも実現し得なかった予審制度の廃止という悲願を達成することになった。「予審は、これを行わない」(第九条)こととされた。同廃止を当事者主義の司法制度の確立や「迅速な公開裁判を受ける権利」から説明するというところに司法省の巧妙さがあった。裁判所が証拠収集から裁判までを行う職権主義の予審制度では公判の形骸化の恐れがあるため、予審制度を廃止して検察・警察に捜査と証拠収集を任せ、裁判官の予断を排除し(起訴状一本主義)、検察官が証拠を公判に提出、弁護人がそれに反論して当事者が対等に弁論を闘わせる(公判中心主義)ことで、当事者主義の司法制度が確立されると主張された。

現行刑事訴訟法（昭和二十三年法律第一三一号）の制定に当たってこの応急措置法の方針が変えられるということはなかった。ＧＨＱが要求した起訴陪審の導入は「検察官司法」に矛盾するということから頑なに拒否された。検察審査会が設置されただけであった。しかし、検察審査会は不起訴をチェックする制度であって起訴陪審の機能をもつものではなかった。それでは公判陪審の導入はどうかということになったが、これもいずれ時機がくれば導入を検討するということで棚上げにされた。ここでも司法省の巧妙さが見られた。捜査機関による強制捜査権の濫用をチェックするための第三者機関の設置も見送られた。付審判請求手続が定められただけであった。戦時刑事特別法で拡大された区裁判所の略式命令も簡易裁判所の行う略式手続というように「平時の手続」に衣替えして規定された。

敗戦に伴う新憲法の制定という荒波を被っても「検察官司法」は縮減に向かうどころか反対に一段と強化されることになった。これには敗戦に伴う治安の悪化という要素が大きく与った。現行刑事訴訟法自体が応急的な法典だということも大きかった。問題が棚上げにされ、先送りにされた。いずれ時機を見て日本国憲法との整合性を確保するために全面的に見直しを行わなければならない法典だということは政府自身も認めるところであった。

しかし、二十一世紀に入ってもこのような方向での見直しは行われていない。反対に「検察官司法」をさらに強化する方向での見直しが続いている。

2　捜査官の強制処分権

国防保安法および治安維持法

ところで、戦前に戻るが、検察官司法が拡大する中、「強制処分は司法権のみが行使できる」という原則は大正刑事訴訟法でまず後退した。「急速を要する」場合に検事が勾引状および勾留状を発付することを認め(第一二三条および第一二九条)、検事や司法警察官吏による逮捕も例外的に認めた(第一二四条)。この例外を著しく拡大させたのが一九四一(昭和十六)年の国防保安法(同年法律第四九号)であり、改正治安維持法であった。

国防保安法のうち国防保安法事件、軍機保護法事件等について刑事の特別手続を定めた第二章のなかで検察官の強制捜査権などに関して定めた規定のうち、主なものは次のようなものであった。

検事は被疑者を召喚し、またはその召喚を司法警察官に命令することができる。被疑者が正当な理由なしに、①定まった住居を有しないとき、②罪証を隠滅する虞《おそれ》があるとき、③逃亡したときまたは逃亡する虞があるときは、検事は被疑者を勾引し、またはその勾引を他の検事に嘱託し、もしくは司法警察官に命令することができる。勾引した被疑者は指定された場所に引致した時から四八時間内に、検事または司法警察官はこれを訊問する。その時間内に勾留状を発しないときは、検事は被疑者を釈放し、または司法警察官をしてこれを釈放させる。①定まった住居を有しないとき、②罪証を隠滅する虞があるとき、③逃亡したときまたは逃亡する虞があるときは、検事は被疑者を勾留し、またはその勾留を司法警察官に命令できる。検事は被疑者を訊問し、またはその訊問を司法警察官に命令することができる。検事は公訴提起前に限り、押収、捜索もしくは検証を命じ、またはその処分を他の検事に嘱託し、もしくは司法警察官に命令することができる。検事は公訴提起前に限り、鑑定、通訳もしくは翻訳を命じ、またはその処分を他の検事に嘱託し、もしくは司法警察官に命令することができる。

一九四一(昭和十六)年の新治安維持法のうち、刑事手続を定めた第二章のなかで検察官の強制処分権などに関して定めた規定は国防保安法のそれとほぼ同様であった。政府によるとこのような規定を置いた理由は次のようなものであった。

「治安維持法の事犯は、捜査を困難かつ長期ならしむる幾多の事由を具備する反面において、一般犯罪者と異なり、その捜査に際し被疑者の身体を拘束致しませぬ時は、たちまちその所在を晦《くら》まし、直ちにその犯罪的活動を継続するを常とするのであります。したがって一旦検挙致した以上は、その終局処分をなすまでその身体を拘束し、逃亡を防止致しますことは絶対に必要であります。然るに現行刑事訴訟法においては、御承知の如く捜査機関に附与せられた強制捜査権は、極めて狭い範囲に限られて居りまして、捜査上の必要を殆ど充《みた》し得ないのであります」(三宅正太郎司法次官)

もっとも、一九四二(昭和十七)年の戦時刑事特別法によってもこのような例外を一般刑事事件にまで拡張することは控えられた。それが実現するのは不思議なことに戦後のことであった。

戦後の実現

「日本国憲法の施行に伴う刑事訴訟法の応急的措置に関する法律」(昭和二十二年法律第七六号)の第七条は捜査機関の強制処分権について次のように定めた。検察官または司法警察官は、勾引状および勾留状を発することができない。検察官または司法警察官は、裁判官の令状がなければ、押収、捜索または検証をすることができない。ただし、現行犯人を逮捕する場合および勾引状または勾留状を執行する場合は、この限りでない。検察官または司法警察官は、身体を検査し、死体を解剖し、または物を破壊する処分を必要とする鑑定は、これを命ずることができない。

一見すると強制捜査権が否定されたような印象を受けるかもしれない。しかし、そうではなかった。同法第八条は「逮捕状及び勾留状の発付並びに公訴の提起については、左の規定による」として、次のように定めたからである。検察官または司法警察官は、被疑者が罪を犯したことを疑うに足りる相当な理由があるときは、裁判官の逮捕状を得て、これを逮捕することができる。検察官または司法警察官は、死刑または無期もしくは長期三年以上の懲役もしくは禁錮にあたる罪を犯したことを疑うに足りる充分な理由がある場合で、急速を要し、裁判官の逮捕状を得ることができないときは、その理由を告げて被疑者を逮捕することができる。この場合には、直ちに裁判官の逮捕状を求める手続をしなければならない。

日本国憲法は令状主義を採用し、「何人も、現行犯として逮捕される場合を除いては、権限を有する司法官憲が発し、且つ理由となつてゐる犯罪を明示する令状によらなければ、逮捕されない」(第三三条)などと規定していた。しかし、令状主義という枠がはめられたものの、検察はこの応急措置法第八条により検察官の強制捜査権を刑事手続一般に拡大することに成功した。令状の性質についても強制捜査権は捜査機関の固有の権限だとして命令状ではなく許可状だとの理解が通説となった。戦時刑事特別法でも認められなかった司法警察官に対する強制捜査権の付与も実現された。

新刑事訴訟法と強制処分法定主義、令状主義の形骸化

新刑事訴訟法は捜査について任意捜査の原則を採用し、強制処分による強制捜査については「強制の処分は、この法律に特別の定のある場合でなければ、これをすることができない」(第一九七条第一項但書)と法定主義を規定した。日本国憲法第三三条、第三五条の令状主義も強制処分を念頭に置いた規定である。しかし、この令状主義は却下率が一%未満というように形骸化が定着した結果、旧予審判事の権限を検察・警察が実質的に握ることになった。当事者主義(刑事裁判における事案の解明や証拠の提出に関する主導権を被告人・弁護人と検察官という両当事者に委ねる原則)などをカモフラージュにして、戦時体制下に握っていた強力な権限の温存・拡大に検察・警察側が見事に成功したといえよう。強制処分(捜査)法定主義についても、刑事訴訟法に規定されている強制処分は法定の令状主義に従うが、写真撮影や立法化以前の盗聴のような新しいタイプの強制処分については、端的に規定がないことになるから、直接に強制処分法定主義は及ばないなどとして例外を認める見解が近時は有力化している。

任意処分による任意捜査についても、新刑事訴訟法では捜査機関は「被疑者その他の者の名

誉を害しないように注意し」なければならない（第一九六条）とし、その程度および方法において「捜査については、その目的を達するため必要な取調をすることができる」（第一九七条第一項本文）と規定された。しかし、最高裁は一九七六年三月十六日の決定で、「任意捜査における有形力の行使は、強制手段、すなわち個人の意思を制圧し、身体、住居、財産等に制約を加えて強制的に捜査目的を実現する行為など特別の根拠規定がなければ許容することが相当でない手段にわたらない限り、必要性、緊急性などをも考慮したうえ、具体的状況のもとで相当と認められる限度において、許容される」と判示し、任意捜査における有形力の行使を認めた。

殺人事件の被疑者を四夜、捜査官の手配したホテル等に宿泊させて前後五日間にわたり連日長時間の取調べをした事案について、最高裁は一九八四年二月二十九日の決定で「任意捜査として許容される限界を超えた違法なものであったとまでは断じ難い」と判示し、また、強盗致死被告事件の被疑者を午後一時過ぎに警察署に任意同行した後、翌日の午後九時過ぎまで一睡もさせずに行われた徹夜の取調べについて、一九八九年七月四日の決定で事案の性質・重大性等という「特段の事情を」を挙げて「社会通念上任意捜査として許容される限度を逸脱したものであったとまで断ずることはできない」などと判示した。

未設置の国内人権機関

戦前への反省に鑑みて日本国憲法では刑事手続について詳細に人権保障が規定された。にもかかわらず、日本の刑事手続は戦後も数々の人権侵害問題を生み出し続けている。令状主義の形骸化に見られるように捜査権を独占した検察・警察に対する監視・規制が機能しないためである。国際社会からも繰り返し批判されてきたが、抜本的な制度改革は遅々として進んでいない。現状の検察・警察機構はいくつかのハードルを越えるだけで戦前に近い権力行使が可能な権限を温存しており、日本国憲法の諸規定と世論が辛うじて暴走を掣肘しているという状態に過ぎない。

新自由主義的な「司法改革」ではなく、真の意味での司法改革、すなわち、裁判所をして平和主義・国民主権・基本的人権の尊重の真の担い手たらしめるための改革は喫緊の課題だといえよう。この司法改革を実現させることは弁護士・弁護士会、マスメディア、学界、そして国民の責務でもある。

司法改革だけで十分かというとそうではない。国連は一九九三年十二月二十日、「国内人権機関の地位に関する原則(パリ原則)」という総会決議(総会決議四八/一三四)を採択し、加盟国に対し国内人権機関の設置を勧告しているからである。法務省も政務三役の名前で「新たな人権救済機関の設置について(基本方針)」を二〇一一年八月に表明している。その主な内容は次のようなものである。

- 人権救済機関については、政府からの独立性を有し、パリ原則に適合する組織とするため、国家行政組織法第三条第二項の規定に基づき、人権委員会を設置する。新制度の速やかな発足及び現行制度からの円滑な移行を図るため、人権委員会は、法務省に設置するものとし、その組織・救済措置における権限の在り方等は、更に検討するものとする。
- 人権委員会については、我が国における人権侵害に対する救済・予防、人権啓発のほか、国民の人権擁護に関する施策を総合的に推進し、政府に対して国内の人権状況に関する意見を提出すること等をその任務とするものとする。
- 報道機関等による人権侵害については、報道機関等による自主的取組に期待し、特段の規定を設けないこととする。
- 人権侵害の調査は、任意の調査に一本化し、調査拒否に対する過料等の制裁に関する規定は置かないこととする。調査活動のより一層の実効性確保については、新制度導入後の運用状況を踏まえ、改めて検討するものとする。
- 救済措置については、調停・仲裁を広く利用可能なものとして、より実効的な救済の実現を図ることとし、訴訟参加及び差止請求訴訟の提起については、当面、その導入をしないこととする。

しかし、このような国内人権機関の設置がなかなか展望しえないのが今の日本の状況である。治安維持法の教訓は未だ十分に生かされているとはいえない。

3　捜査官作成の自白調書

国防保安法と新治安維持法

大正刑事訴訟法第三四三条第一項は捜査官作成の「被告人其ノ他ノ者ノ供述ヲ録取シタル書類」の証拠能力について次のように規定していた。被告人その他の者の供述を録取した書類にして法令により作成した訊問調書でないものは、①供述者が死亡したとき、②疾病その他の事由により供述者を訊問することができないとき、③訴訟関係人の異議がないときに限り、これを証拠とすることができる。

また、陪審法(大正十二年法律第五〇号)も次のように規定していた。①公判準備手続において取り調べた証人の訊問調書、②検証、押収または捜索の調書およびこれを補充する書類図画、

③公務員の職務をもって証明することができる事実について公務員が作った書類、④前号の事実について外国の公務員が作った書類にして、その真正なことの証明があるもの、⑤鑑定書または鑑定調書およびこれを補充する書類図画、これらの書類図画はこれを証拠となすことができる。裁判所、予審判事、受命判事、受託判事その他の法令により特別に裁判権を有する官署、検察官、司法警察官または訴訟上の共助をなす外国の官署の作った訊問調書およびこれを補充する書類図画は、①共同被告人もしくは証人が死亡したとき、②被告人または証人が公判外の訊問に対してなした供述の重要な部分を公判において変更したとき、③被告人または証人が公判廷において供述をしないときに限ってこれを証拠とすることができる。裁判外において被告人その他の者の供述を録取したる書類または裁判外において作成した書類図画は、供述者もしくは作成者が死亡したときまたは疾病その他の事由により召喚し難いときに限り、これを証拠とすることができる。

このような証拠能力の制限を撤廃させることも国防保安法および新治安維持法において戦時刑事特別手続を定めることの狙いの一つであった。国防保安法はその第三七条で同法適用事件を陪審に付さないことを規定した。ちなみに、「陪審法ノ停止ニ関スル法律」(昭和十八年法律第八八号)により陪審制度が一九四三(昭和十八)年四月一日から停止させられることになった。

制限の撤廃はそれだけにとどまらなかった。国防保安法第二五条および新治安維持法第二六条は両法の適用事件については検事に被疑者や証人を訊問する権限およびその訊問を司法警察官に命令する権限を与えるとともに、その結果、作成された書面をもって「法令ニ依リ作成シタル訊問調書」(大正刑訴法第三四三条第一項)に該当するとして証拠能力を与えることとした。これにより検察官は検察官司法を支えるもう一つの強力な武器を手中に収めることになった。捜査官の言いなりの供述をときには拷問などを加えて被疑者その他の者から引き出すだけではなく、この獲得された供述調書をもって有罪判決の重要な決め手とすることが可能となった。

戦時刑事特別法

戦時刑事特別法の第二章のうち検察官の強制捜査権等に関する規定は「地方裁判所ノ事件ト雖モ刑事訴訟法第三百四十三条第一項ニ規定スル制限ニ依ルコトヲ要セズ」(第二五条)というものであった。これにより供述調書等の証拠能力の制限を定めていた大正刑訴法第三四三条第一項全体の適用自体が止められることになった。地方裁判所の事件といえども大正刑訴法第三四三条第一項の適用はないことになり、検察官、司法警察官の聴取書など、法令により作成した訊問調書にあらざるものがすべての事件で証拠能力を有することとなった。国防保安法および治安維持法における戦時特例措置は全刑事事件に拡がることになった。

応急措置法

先ほど述べた応急措置法は捜査官作成の被告人その他の者の供述を録取した書類の証拠能力について次のように規定した。何人も自己に不利益な供述を強要されない。強制、拷問もしくは脅迫による自白または不当に長く抑留もしくは拘禁された後の自白はこれを証拠とすることができない。何人も自己に不利益な唯一の証拠が本人の自白である場合には有罪とされ、または刑罰を科せられない。証人その他の者(被告人を除く)の供述を録取した書類またはこれに代わるべき書類は、被告人の請求があるときは、その供述者または作成者を公判期日において訊問する機会を被告人に与えなければ、これを証拠とすることができない。その機会を与えることができず、または著しく困難な場合には、裁判所は、これらの書類についての制限および被告人の憲法上の権利を適当に考慮して、これを証拠とすることができる。

しかし、政府の主眼はこれらの規定のうえにはなかった。ポイントは戦時刑事特別法の「成果」を戦後も継承し続けることであった。第一二条第二項の「刑事訴訟法第三百四十三条の規定は、これを適用しない」という規定がそれであった。

応急措置法と新刑事訴訟法の規定との関係について政府委員は「今回の（刑事訴訟法の――引用者）改正に当っては、新たなる見地よりこれ（応急措置法の規定――引用者）を再検討することといたしたのであります」（木内曽益検務長官）と説明した。しかし、この再検討が旧刑事訴訟法第三四三条の復活を意味するものではもちろんなかった。新刑事訴訟法も旧刑訴法第三四三条を復活させないという応急措置法の考え方を継承した。戦時下の特別な刑事手続とされたものが日本国憲法下の刑事訴訟法において「平時の手続」の化粧を施して恒久的な居場所を確保することになった。

新刑事訴訟法と自白調書

日本国憲法第三八条第二項が「強制、拷問若しくは脅迫による自白又は不当に長く抑留若しくは拘禁された後の自白は、これを証拠とすることができない」と規定したのを受けて、新刑事訴訟法第三一九条第一項は「強制、拷問又は脅迫による自白、不当に長く抑留又は拘禁された後の自白その他任意にされたものでない疑のある自白は、これを証拠とすることができない」と規定した。「任意にされたものでない疑のある自白」に該当しなければ、自白に証拠能力を付与できるとし、その要件について第三二二条で次のように規定した。

被告人が作成した供述書または被告人の供述を録取した書面で被告人の署名もしくは押印のあるものは、その供述が被告人に不利益な事実の承認を内容とするものであるとき、または特に信用すべき情況の下にされたものであるときに限り、これを証拠とすることができる。ただし、被告人に不利益な事実の承認を内容とする書面は、その承認が自白でない場合においても、任意にされたものでない疑いがあると認めるときは、これを証拠とすることができない。被告人の公判準備または公判期日における供述を録取した書面は、その供述が任意にされたものであると認めるときに限り、これを証拠とすることができる。

これによると、その供述が被告人に不利益な事実の承認を内容とするものであるときは、任意にされたものでない疑いがあるとき以外は、証拠能力が付与されることになった。問題は裁判所が自白調書の任意性を厳格に判断しているかどうかである。否と言わざるを得ない。裁判所にとって自白の任意性を否定することがいかに困難かということが自白の任意性を否定したごく稀な判決・決定からうかがえるからである。「任意性」の要件は無きに等しい現状にあると言っても決して過言ではない。これには裁判官の検察・警察に対する仲間意識（裏返せば裁判官の必罰主義）、あるいは「検察・警察は無理な取調べはしない筈だ」といった捜査の現状に対する裁判官の理解不足などが大きいと言えよう。自白の信用性が否定された場合に僅かに任意性が否定されるに過ぎない。

その自白の信用性の判断も被告人側が当該自白に信用性がないことを「合理的な疑い」が入らない程度にまで立証することができなかった場合は信用性があると判断されている。検察官が信用性の立証に成功したかどうかではなく、被告人側が申し立てた疑問が「合理的な疑い」に当たるかどうかが争点とされる。この判断は「証拠の証明力は、裁判官の自由な判断に委ねる」（刑事訴訟法第三一八条）という自由心証主義の下で裁判官の自由心証に委ねられている。任意性のある自白は信用できるという神話の前に、この裁判官における主観的な判断はともすれば自白の信用性を肯定する方向に傾きがちである。「疑わしきは被告人の利益に」という原則を棚上げにしたような判断がなされる場合も少なくない。

虚偽の自白調書

運用も含めて勘案すると、現行刑訴法は旧刑事訴訟法時代よりも後退していることになる。無罪率も戦後の方がはるかに低い。それを端的に示したのが氷見事件の再審無罪判決であった。裁判所は虚偽自白を見抜けるから冤罪を防止し得るというのが暗黙の了解事項とされたが、それが砂上の楼閣であり、冤罪が構造的であることを明らかにしたのが氷見事件であった。氷見事件とは、二〇〇二年三月十三日に富山県氷見市で発生した婦女暴行未遂の容疑などで起訴された男性が公判でも罪を認めたことから懲役三年の実刑を言い渡されて出所したところ、真犯人が見つかったために検察官が再審を請求し、再審公判の論告において検察官が無罪を求刑し、富山地方裁判所は二〇〇七年十月十日、無罪を言い渡した事件である。捜査官が作成した虚偽の自白調書を裁判官が見抜けなかったために生じたものである。裁判所、検察庁、弁護士会のみならず警察署も認める冤罪事件といってよい。経験豊富な刑事裁判官でも巧妙に作成された虚偽の自白調書を見破ることは至難の業だと自白されている。

氷見事件以降も虚偽の自白調書などに起因する冤罪は続いている。有罪判決が確定後、東京高裁の再審公判で二〇一二年十一月七日、無罪が言い渡されたゴビンダ事件もその一つである。今市事件についての宇都宮地裁の二〇一六年四月八日の有罪判決も注目される。取調べ過程の録音・録画により、虚偽自白が作成される可能性が著しく減退した。このような理解に基づいて本有罪判決では、自白供述の信用性判断の中心が「供述内容の具体性及び迫真性」に求められている。客観的な証拠が乏しいことから使用された判断方法と言えないこともないが、自白調書の有罪証拠としての比重が逆に高められている。客観的証拠がない場合、虚偽でないという程度の補強があれば自白調書だけで有罪にしてもよいと言わんばかりである。治安維持法違反被告事件の刑事裁判の有罪判決とどこが違うのであろうか。

共犯者の供述

共犯者の供述も冤罪の原因となる場合が多い。しかし、新刑事訴訟法は被告人の自白についてては自白法則を導入したが、共犯者の供述の証拠能力については特段の明文規定を設けなかった。「被告人以外の者の供述録取書」の証拠能力についての規定を共犯者の証拠能力にも適用することにした。そして、この「被告人以外の者の供述録取書」の証拠能力については、証拠能力が認められる要件を「裁判官の面前における供述を録取した書面」「検察官の面前における供述を録取した書面」「それ以外の書面」などに区分して規定し、かなりの寛厳の差を設けた。

問題は「検察官の面前における供述を録取した書面」の場合である。警察官面前調書の場合と異なり、公判準備もしくは公判期日において前の供述と相反するかもしくは実質的に異った供述をしたときは、公判準備または公判期日における供述よりも前の供述を信用すべき特別の情況の存するときを条件に証拠能力が認められるとされたからである。検察官面前調書に証拠能力が認められない場合は稀だということになる。

共犯者の供述に関して残された問題は自白法則が共犯者の自白にも及ぼされるのかという点である。残念ながら否である。いわゆる練馬事件に関する一九五八年五月二十八日の大法廷判決で、共犯者の自白であっても通常の証人と本質的には異なるところはないので、本人の自白と同一視することはできないから、共犯者の自白には補強証拠を必要とせず、その証明力の評価については裁判官の自由心証に委ねられるべきであるとされたからである。本大法廷判決によって「本人の自白」とは異なり「共犯者の自白」には補強証拠は必要ないという考え方が判例として確立することになった。

戦前の考え方を踏襲して冤罪および人権蹂躙の取調べの防止よりも裁判官の自由心証による必罰主義的で恣意的な証拠採用および証拠評価を優先したものである。治安維持法の教訓から何も学んでいないといわざるを得ない。にもかかわらず、二〇一六年の刑事訴訟法の一部改正では一定の財政経済事件および薬物銃器事件などを対象としてではあるが、「アメとムチ」を合法化する合意制度も導入された。検察官が弁護人の同意を条件に被疑者・被告人との間で、被疑者・被告人が他人の犯罪事実を明らかにするための供述等をし、検察官が不起訴や特定の求刑等をする旨の合意をすることができるとする日本版の司法取引制度である。

大崎事件

二〇一七年六月二十八日、鹿児島地方裁判所は大崎事件の第三次再審請求について、二〇〇二年三月二十六日の再審開始決定に続いて二度目の再審開始決定を言い渡した。一度目の再審開始決定は検察官の即時抗告により福岡高等裁判所宮崎支部で決定が取り消されていた。大崎事件とは一九七九年十月に鹿児島県曽於郡大崎町で起こった事件で、同月十五日、大崎町の自宅併設の牛小屋堆肥置き場で家主(農業、当時四十二歳)の遺体が発見された。被害者の長兄の嫁が長兄・次兄・次兄の息子(被害者の甥)とともに酒乱の被害者を保険金目的で殺害しようとしたとして起訴された。冤罪が疑われる事件で知的障害・精神障害の傾向がある共犯者の自白の信用性が問題とされたが、一九八〇年三月三十一日、鹿児島地裁は共犯者の自白は甥の妻の供述により裏付けられており信用できるとして、長兄の嫁を主犯として被害者を西洋タオルで絞め殺して牛小屋堆肥置き場に死体を遺棄した殺人、死体遺棄罪で懲役一〇年、長兄に懲役八年、次兄に懲役七年、甥に懲役一年の有罪判決を言い渡した。長兄の嫁のみが即日控訴したが、一九八一年一月三十日、最高裁が上告を棄却し、長兄の嫁の懲役一〇年が確定した。

主な争点は共犯者の自白の信用性と男性の死因であった。第三次再審請求では、第一次再審請求の即時抗告審で信用性が認められた義妹の目撃証言は「体験記憶に基づかない情報が含まれる可能性が高い」とした心理鑑定書と、窒息死とされている死因を事故死に覆す内容の法医学鑑定書を弁護団は新証拠として提出していた。

地裁は共謀を目撃した親族の供述の信用性について、供述心理鑑定の結果をふまえると実際に体験した者としては不可解・不自然な点が随所に認められ、決して信用性の高いものとはいえないと結論づけた。長兄、次兄の供述についてそれ自体から信用性を高める要素を見出すことは難しいとし、甥の供述について捜査機関の暗示や誘導の影響を受け、虚偽の事実を供述した疑いを否定できないとした。その上で確定判決を支えた法医学鑑定は死因に対する積極的な証明力を失ったとし、その他客観的な証拠も存在しないとして確定判決のいう殺人の共謀も殺害行為も死体遺棄もなかった疑いを否定できないと結論づけ、再審開始を決定した。請求人の一人の原口アヤ子さんは現在九十歳で残された時間は短い。それでも、この二度目の再審開始決定についても検察官は即時抗告を行った。

本人の自白については日本国憲法により補強証拠が必要とされているが、共犯者の自白については最高裁は先ほど紹介した練馬事件についての一九五八年五月二十八日の大法廷判決以来、補強証拠を要しないとしている。これが冤罪の構造的要因となっている。この共犯者の自白が共謀罪の場合、有罪証拠の中心となることが予想される。

4　裁判（官）統制

戦後における三審制度の復活

日本国憲法が審級制度について規定することは特になかったが、一九四七年の裁判所法（昭和二十二年四月十六日法律第五九号）は三審制度を復活させた。刑事訴訟法においては控訴はすべて高等裁判所が審理を行い、第一審が簡易裁判所の場合でも第二審は高等裁判所、第三審は最高裁判所であるとされた。現行刑事訴訟法も三審制度を前提とした上で「控訴」という項目の下に第三七二条から第四〇四条の規定を設けた。

もっとも、国は三審制度を復活させたものの、戦前のように控訴審を「覆審」とせずに「事後審」とすることによって控訴審の負担の軽減に努めている。負担軽減は上告審についても同様で、上告審を法律審とするだけでなく、原則として憲法違反または判例違反のみを審査する審級としている。上訴審の負担軽減は戦前に止まらず、戦後の司法政策においても引き継がれている。その負担の軽減とは裁判所の負担軽減だけではなく、検察官の負担軽減も意識されていることは想像に難くない。第一審も含めた負担軽減、そのための訴訟の迅速化は戦後の最高裁判所の司法政策において最大の柱に据えられることになる。

審級制度に関して注意しなければならないことは、最高裁によると憲法第八一条以外の制約は存在しないとされている点である。一九四八年三月十日の大法廷判決により、「憲法は審級制度を如何にすべきかについては第八一条において「最高裁判所は、一切の法律、命令、規則又は処分が憲法に適合するかしないかを決定する権限を有する終審裁判所である」旨を定めて居る以外何等規定する処がないからこの点以外の審級制度は立法をもって適宜にこれを定むべきものである」と判示されているからである。最高裁の司法政策についてはできる限り排除したいということであろう。戦時下のように再び控訴審を廃止することも立法政策としての当否は別にして法的には可能だとされている。

最高裁が考える上訴制度の意義

最高裁判所によると第一審は事実審、控訴審は事後審、上告審は法律審と整理される。この上訴制度の意義とは何なのであろうか。日本国憲法はその第三七条第一項などで被告人に対し迅速な公開裁判を受ける権利などを保障した。これらの規定の実効性を担保するのが上訴制度の意義と考えられたのであろうか。残念ながらこれまた否といわざるを得ない。最高裁判所は上訴制度の意義を憲法とは異なり被告人にとっての意義ではなく最高裁判所にとっての意義に求めたからである。

それは上告理由を憲法違反または判例違反に限ったことからも明らかであろう。負担軽減という理由ももちろんあるが、それ以上に大きかったのは日本国憲法が保障した「裁判官の独立」という点であった。この「裁判官の独立」を盾にして下級審の裁判官が日本国憲法によって与えられた違憲判断を「乱発」しないか。下級審の裁判官が日本国憲法の保障する基本的人権の尊重を重視するあまり、「公共の福祉」の制約を外れたような独自の法律解釈を「乱発」しないか。このような危惧から下級審の裁判官がたとえ独自の違憲判断、あるいは独自の法解釈を示しても最高裁判所で当該違憲判断、あるいは独自の法解釈を最終的にチェックし、このチェック済の判断を「判例」とすることによって違憲判断、あるいは独自の法解釈の「乱発」を制御する。このような理由から上告理由として憲法違反または判例違反が掲げられたものと考えられる。

日本国憲法の施行直後、最高裁判所が立て続けに刑事手続上の重要な争点を取り上げて合憲判断を下し、「上からの判例形成」を強行していったこととも符合する。最高裁判所、そして政府にとっての上訴制度の意義とは何よりも「公共の福祉」(国益)の擁護という観点からの

「裁判(官)統制」にあったということになる。三審制度の復活をもって単純に歓迎というわけにはいかなかった。

必罰主義と上訴制度

戦後の刑事裁判においても必罰主義という観点から三審制度が運用されている。この必罰主義を示す判例は少なくない。検察官に対し訴因変更を促したり命令したりする裁判官の義務に関する最高裁の一九六八年十一月二十六日の決定もその一つである。当事者主義にもかかわらず例外的に裁判所が検察官に対して訴因変更を命じなければならない場合とはどういう場合か、その具体例を示したものである。ここでも検察官の不注意によって有罪とすべき者を誤って無罪とするようなことがあってはならないという最高裁判所の必罰主義の傾向を垣間見ることができる。

下級審の判決であるが、大阪高裁の一九八一年十一月二十四日の判決も必罰主義を示すものである。変更後の訴因では無罪となるような場合は訴因変更を単純に許可すべきではないとし、直ちに無罪の判決をした原判決を破棄したからである。

必罰主義と事後審制との関係についても次のような判例が見られる。一つは最高裁の一九六七年五月二十五日の判決である。控訴審は覆審や続審ではなく事後審であり、したがって、控訴審裁判所が検察官の訴因、罰条の追加変更を許すことは違法とはいえないが、控訴審裁判所が右追加変更された訴因、罰条について審理判決することのできるのは、あくまでも一審判決に事実誤認ないし法令違反があることを理由に控訴審でこれが破棄されることが前提とならなければならないと判示されている。必罰主義と事後審制との調整を図ったものといえよう。もう一つは控訴審における裁判官による職権調査の限界に関する最高裁の一九七一年三月二十四日の大法廷決定である。同じように必罰主義と事後審制との調整が図られている。事後審査も当事者の申し立てた控訴趣意を中心としてこれをなすのが建前であって、裁判官による職権調査はあくまで補充的なものとして理解されなければならないとされている点が注目される。

合憲とされた検察官上訴

英米法では下級審の無罪または有罪の判決に対して検察官が上訴し、有罪またはより重い刑の有罪判決を求めることは、国家に一度だけ訴追を認め、再度同じ負担を負わせられない権利を被告人に保障しようという「二重の危険」の法理に反するとされていた。しかし、戦後の日本の刑事訴訟法は戦前に引き続き検察官上訴を認めた。

検察官上訴が迅速な裁判の要請に反することも看過し難い。無罪判決によっていったん生じた「合理的な疑い」を消すことは控訴審においてもできないのではないか。原審と証拠関係が異ならなければ「合理的な疑い」が消えることは論理的にあり得ないからである。新たな証拠によって「合理的な疑い」が消える場合もあり得るが、そのような犯罪の更なる立証活動を許すということはまさに「二重の危険」の法理に反する。そのような更なる立証活動を許すということは控訴審をもって原審の継続と捉えなければならないということになるが、戦後の控訴審は続審ではなく事後審とされているのである。

このような疑問にもかかわらず、最高裁大法廷は一九五〇年九月二十七日、検察官上訴について合憲の判決を言い渡した。同年十一月八日の大法廷判決でも、「同一事件においては、訴訟のいかなる段階においても唯一の危険があるのみであって、そこには二重の危険というものは存在しないのであるから下級審における無罪または有罪判決に対し、検察官が上訴をなし有罪またはより重き刑の判決を求めることは、被告人を二重の危険に曝すものでもなく、従ってまた憲法三九条に違反して重ねて刑事上の責任を問うものでないことは当裁判所の判例……とするところであるから本件において検事が附帯控訴をしたことおよび第一審で無罪となった事実を原判決が有罪としたことは、いずれも憲法三九条に違反するものであるということはできないのである」と判示された。

最高裁判所が検察官上訴にお墨付きを与えたことの影響は大きかった。戦後の刑事裁判における三審制度が進むべき方向が大きく枠づけられることになった。三審制度といっても被告人にとっては実際には上訴の道が閉ざされているような事態も現出することになった。第一審の無罪判決に対して検察官が控訴し、控訴審で逆転有罪判決が言い渡された場合がそれである。この場合、上訴の手段は上告しかないが、戦後の審級制度では上告審は事実審ではなく法律審だとされたからである。控訴審の審理のみならず、第一審の審理にも影響が及ぶことになった。検察官上訴が第一審裁判官をして無罪判決を言い渡すことを消極的にさせてしまいかねないのではないかとの危惧も的中することになった。

より狭くなった上告理由

上告理由がどのようになっているかということも被告人の上訴権が制限されているかどうかを判断するうえで大きな要素となる。

現行刑事訴訟法の上訴理由には厳密な意味での上告理由のほか、上告受理事由および職権破棄事由がある。これに対し戦前の旧刑事訴訟法は右のような区別を認めていない。これについては国防保安法や新治安維持法も、あるいはまた戦時刑事特別法も手を触れていない。
現行刑事訴訟法は第四一一条において、上告裁判所は、①判決に影響を及ぼすべき法令違反、②甚だしい量刑不当、③判決に影響を及ぼすべき重大な事実誤認、④再審請求該当事由、⑤原判決後の刑の廃止等の事由があって、原判決を破棄しなければ著しく正義に反するときは、判決で原判決を破棄することができると規定している。これを裏返せば「原判決を破棄しなければ著しく正義に反するとき」という要件、いわゆる「著反正義」要件を欠くときは職権破棄事由には該当しないということになる。

しかし、旧刑事訴訟法の場合はこの「著反正義」要件は付されていない。具体的事例における当事者救済の範囲は現行法の方が旧法よりも狭くなっている。日本国憲法によって違憲立法審査という役割が新たに与えられたことからその分だけ負担軽減を図ろうとして、職権破棄事由について「著反正義」要件を新たに付け加えて上告審の門戸を狭めたものと見受けられる。現行法の制定過程において最高裁判所が裁判所の負担軽減という観点から控訴審の事後審化と上告理由の制限を提案し、この提案が受け入れられた結果であった。

この新たに付け加えられた不明確で裁量的な運用が、「著反正義」要件が高度の司法政策判断として活用される余地を多分に残すことになった。この「著反正義」要件の上乗せが上告審の破棄率、とりわけ被告人側からの上告申立に基づいて原判決等を破棄する、この破棄率の低さの一助になっていることは疑いのないところであろう。

制限された控訴理由

現行刑事訴訟法の規定する控訴理由のうち重要なものは、法令違反、事実誤認、量刑不当である。そのほか、再審理由も控訴申立理由とされている。これに対し旧刑事訴訟法では控訴理由について格別の規定は設けられていない。控訴審の手続には第一審の公判手続に関する規定が包括的に準用された(第四〇七条)。控訴裁判所は控訴の対象となった事件の全体について審判をやり直す義務と権限を持った。証拠調べの範囲が原審のそれによって限定されることもなく、新事実・新証拠も制限されなかった。控訴審が覆審だと位置づけられたことによるものであった。

上告理由だけではなく控訴理由も戦前の旧刑事訴訟法よりも戦後の日本国憲法下の現行刑事訴訟法の方が狭くなっている。事後審制が主として裁判所の負担軽減という観点から構想されている以上、この事後審制を前提にして帰結された控訴理由についても負担軽減の影が及んでいると見るのが自然であろう。

立法の段階だけではなく法運用の面でも控訴理由をできる限り制限して控訴審の負担を軽減しようとする姿勢を垣間見ることができる。たとえば、相対的控訴理由に関する最高裁の一九五五年六月二十二日の大法廷判決は、「刑訴法三七九条の場合は、訴訟手続の法令違反が判決に影響を及ぼすべき可能性があるというだけでは、控訴理由とすることはできないのであって、その法令違反がなかったならば現になされている判決とは異る判決がなされたであろうという蓋然性がある場合でなければ、同条の法令違反が判決に影響を及ぼすことが明らかであるということはできないのである」などと判示しているからである。

5　弁護活動の規制

日本労農弁護士団の一斉検挙

一九三一(昭和六)年四月、布施辰治、上村進、神道寛次らが中心になって一八人の弁護士からなる解放運動犠牲者救援弁護士団が結成された。その設立総会では当面の任務として警察に対する闘争、検事に対する闘争、予審に対する闘争、公判闘争、行刑に対する闘争、陸海軍法会議における弁護人の行使が定められた。これまでの弁護士会の活動とは明らかに質が異なるものであった。救援弁護士団が全力で取り組んだのは三・一五事件や四・一六事件の公判闘争であった。北は北海道から南は沖縄まで数え切れないほどの刑事事件の公判闘争にも精力的に取り組んだ。

農民組合の顧問弁護団として一九三一(昭和六)年九月に全農全国会議弁護士団が結成された。同弁護士団の構成員や役員は解放犠牲者救援弁護士団と重複していたこともあって一九三三(昭和八)年一月、両弁護士団は合同して日本労農弁護士団を結成した。団の目的は「政治的抑圧と経済的搾取に反対し、勤労大衆の権利と利益を法律的分野において擁護伸長する」ことに置かれた。

その年の九月、同弁護士団所属弁護士に対する一斉検挙が行われた。司法官赤化事件等で尾崎陞、為成養之助、福田力之助、滝内礼作など、「赤化裁判官」の検挙を終えていた当局はついに弁護士の検挙に乗り出した。布施(多くの治安維持法事件の弁護も担当)、上村(日本労農弁護士団団長)、神道(北海道旭川集産党事件などの弁護を担当)、大森詮夫(岡山無産者運動事件などの弁護を担当)、中村高一(北海道共産党事件の弁護等を担当)、青柳盛雄(四・一六事件等の弁護を担当)らも検挙された。この一斉検挙によって労働運動や農民運動、あるいは思想信条の自由などを守るための弁護士の組織的な活動はほぼ終息させられることになった。活動の再開は終戦をまたなければならなかった。

布施に対する懲戒裁判

三・一五事件の弁護を担当した布施は、一九二八(昭和三)年十一月に大阪事件について開かれた大阪地方裁判所の第一回公判で大阪の事件と東京の事件を併合して審理するよう管轄移送の請求を行った。審理の続行を決めた裁判官の対応が不当であるとして忌避の申立てを行った。これに対し東京地方裁判所検事正の塩野季彦は翌二九年三月、東京控訴院検事長宛てに布施の懲戒相成りたいとの請求書を提出し、検事長の三木猪太郎は懲戒裁判開始申立書を東京控訴院の懲戒裁判所に提出した。大阪地方裁判所で「不穏当なる言辞を弄したるものなり」というのが申立ての表向きの理由とされたが、本当の理由が布施の思想や言論などにあったことは明らかであった。

懲戒裁判所は同年八月、懲戒裁判開始を決定した。懲戒裁判所は一九三一(昭和六)年六月、被告人布施辰治を除名に処すという判決を下した。布施は控訴し、懲戒裁判は終審である大審院に移った。有力な弁護士が布施の弁護人となり、その数は九〇人にも及んだという。一九三二(昭和七)年十一月十一日、大審院は突如、口頭弁論の終結を宣言した。次回以降も弁護団の順序予定に応じて弁論を進められたいとの弁護人の要請は無視された。終結にあたり布施に最終陳述をさせることもなかった。終結を宣言したことから一度退廷した裁判長は五分後に法廷に戻り、「被告の控訴はこれを棄却す」としたうえで、「その(布施の大阪地方裁判所における―引用者)言動は東京弁護士会会則第三十九条に該当するが故に、弁護士法第三十三条により懲戒罰のうち除名を選択し、被告を除名に処す」と言い渡した。

判決から八日後、東京弁護士会は臨時総会を開き、「本会は司法当局に対しかくの如き裁判所の不当なからしむる為めに遺憾なき監督権の発動を要求す」と抗議した。しかし、この批判も傍観者の立場からの「行き過ぎ」批判でしかなかった。その東京弁護士会も一九三四(昭和九)年二月の臨時総会で治安維持法の改正に賛成決議を挙げた。

弁護活動の制限

戦時刑事手続における防御権の規制は弁護人の規制にまで及んだ。国防保安法は、弁護人は司法大臣のあらかじめ指定したる弁護士の中よりこれを選任すべし(第二九条)などと規定した。一九四一(昭和十六)年に大幅改正された新治安維持法も指定弁護人制度のほか、弁護人は訴訟に関する書類の謄写を為さんとするときは裁判長または予審判事の許可を受くることを要す

（第三一条）などと規定した。戦時刑事特別法はこれらの制限を刑事裁判一般に拡大した。

これらの制限の中でも重要なのは指定弁護人制度の導入である。布施らを排除するために指定弁護人制度が導入されたというよりも、小川平吉らのような治安政策的刑事手続政策に積極的に協力する弁護士を指定弁護人として公判廷に送り込むためにこの制度が導入されたと考える方が自然であろう。一九三三（昭和八）年九月の日本労農弁護士団の一斉検挙により自由法曹団系の弁護士が組織的に訴訟活動するというようなことはもはや不可能になっていたからである。個々の弁護士が個人の責任と判断で訴訟活動に取り組むという選択肢しかなくなっていた。その個人的な活動についても布施の場合にみられるように「不穏当なる言辞を弄したるものなり」という理由で規制を加え、弁護士資格を奪うことも稀ではなくなっていた。刑事罰を科すということも常態化しつつあった。

指定弁護人制度の導入などにより検察官はもとより裁判官も、そして、ついには弁護人も訴追官に化すことになった。裁判官が担う糺問主義・職権主義と検察官および弁護人が担う弾劾主義・当事者主義はもはや対立するものではなくなった。相互に補完し合って被告人を迅速に有罪にするためのものとなった。

戦時体制と弁護士会

戦時司法は「法の支配」を形骸化し否定していった。刑事司法の場合は顕著なものがあった。統治する側ではなく統治される側の立場に立って「法の支配」を個々の事案の処理を通じて具現化することを使命とする在野法曹としては当然、このような動きに抗し、「法の支配」を擁護することが求められた。しかし、現実に弁護士会がとった行動はこれとは大きく異なるものであった。

治安維持法の制定に当たって東京弁護士会は沈黙を守ったが、構成員の大部分を東京弁護士会員が占めていた日本弁護士協会は反対決議を挙げた。治安維持法の昭和三年改正についても日本弁護士協会は反対決議を挙げた。しかし、昭和九年改正に当たっては東京弁護士会も日本弁護士協会も賛成に回った。賛成決議を挙げた。治安維持法の適用対象が共産党から合法左翼へ、さらには自由主義者、民主主義者、反戦運動家にまで拡大されようとしつつあったなかでいずれの弁護士会も賛成の決議を挙げた。

弁護士会は弁護士法によって国の監督を受けているからという理由ではこの反対から賛成への転向は説明がつかない。既存の弁護士会においても一九二八(昭和三)年から一九三四(昭和九)年までの間に戦時治安政策を、そしてまた治安政策的刑事手続政策を積極的に推進する側に回るという政策決定があったものと考えるのが素直であろう。東亜法曹協会、在野法曹時局協力連盟、大日本弁護士報国会だけが問題ではなく、既存の弁護士会においてもこのように転向があったということが問題なのである。これには戦時体制が進む中で個人の権利主張は反国家的であるという風潮が強まり、自然と民事裁判も減少し、刑事事件についても被疑者、被告人を弁護することを敵視する見方が強まったことから弁護士の業務は減少していき、活動範囲が狭まったことが大きかった。

新憲法と弁護士会

日本国憲法は司法制度に大きな改革をもたらした。弁護士会もこの司法制度改革の影響を受けることになった。新弁護士法が一九四九年六月十日に公布され、同年九月一日に施行された。同法は弁護士が中心となって起案し、議員立法として国会に提出され制定されたという経緯から戦前のそれに比べて大きな特徴をもっていた。

特徴の第一は、その使命として、「弁護士は、基本的人権を擁護し、社会正義を実現することを使命とする」(第一条)と規定したことである。特徴の第二は弁護士自治という観点から弁護士会の完全な自治を認めたことである。弁護士会は裁判所・検察庁から独立した存在とされ、行政機関の監督を受けることもないとされた。弁護士に対する資格審査と弁護士に対する懲戒を行うのも所属弁護士会および日本弁護士連合会とされた。かつては弁護士の懲戒権が検事の請求による懲戒裁判所にあったことによって弁護権の行使に制約を受ける事例があったことからみて、この国家機関からの独立には図り知れない大きな意義があった。

特徴の第三は全弁護士会の強制加入団体である日本弁護士連合会を設立することとした点である。戦前、全国的な弁護士団体として日本弁護士協会と帝国弁護士会が存在していたが、それらは任意的な私的団体でしかなかった。これに対し日本弁護士連合会は地方の単位弁護士会と個々の弁護士のすべてを会員とする公的団体であり、弁護士の登録のほか、弁護士および弁護士会の指導、連絡、監督に当たることとされた。特徴の第四は弁護士は司法修習生の修習を終えた者がなることを原則とすることによって弁護士養成制度と判・検事養成制度とがまったく同一になったことである。資格を有する者でも弁護士となるには日本弁護士連合会に備えた弁護士名簿に登録されなければならないとされた。

新弁護士法は弁護士会の希望をほぼすべて実現したものといってよかった。しかし、闘いとった自治というよりは与えられた自治という面が濃厚であった。戦争責任者の追及および日本弁護士道綱領の決定を目的として一九四六年一月に設置された東京弁護士会粛正委員会も間もなく目的が弁護士法遵守ならびに弁護士法護持、これが違反および違反予防対策に置きかえられた。以後、綱紀委員会の前身の本委員会で「戦争責任者の追及」が議題にのぼることはなかった。

弁護人抜き裁判

一九七七年十一月、法制審議会に「弁護人抜き裁判」を可能とする「刑事訴訟法の一部を改正する法律案要綱」が諮問され、刑事法部会に付託された。刑事法部会はわずか二回の審議をしただけで、翌年一月、同要綱を可決し、法務大臣に答申した。弁護士会をあげた反対運動が各界に広がる気配をみせたことから法務省はこの方式をあきらめ、「刑事事件の公判の開廷についての暫定的特例を定める法律案」を国会に提出することとした。一九七八年三月、法案上程を閣議決定し、即日国会に上程した。東京三弁護士会は共同で同年三月、「必要的弁護事件に関する東京三会の意見書」を発表し、日本弁護士連合会もこの意見書とほぼ同内容の「「弁護人抜き裁判」に関する見解と提案」を発表した。これに対し岡原昌男最高裁長官は同年五月、憲法記念にあたっての記者会見の場で法案に反対する弁護士会の態度を厳しく批判し、法案を積極的に支持する姿勢を示した。

協議が重ねられた結果、一九七九年三月の三者協議会(最高裁判所、最高検察庁、日本弁護士連合会)で協議が整い、調印が行われた。「協議結果」の主な内容は次のようなものであった。

弁護士会は、裁判所から特別案件(通常の推薦手続によることが困難または不穏当な事件)について国選弁護人の推薦依頼を受けたときは、責任をもって速やかに推薦する。そのため、弁護士会は、特別案件の国選弁護人を受任する意志がある相当数の弁護士を登録した受任候補者名簿を作成する。日本弁護士連合会および各弁護士会は、弁護士が不当な訴訟活動を行ったときは、当該弁護士に対する懲戒を公正迅速に行うものとし、そのための会則等の規定を整備する。裁判所および検察庁は、日本弁護士連合会および各弁護士会の措置の円滑な実施に資するため、できる限り協力する。

三者協議の成立により法案は廃案とされることになった。このような動きのなかで明らかになったことは裁判所、検察庁、政府・与党が弁護士をもって司法機関の一翼、裁判所の協力者として位置づけたいとしているということであった。それは戦前、国防保安法や治安維持法が採用した指定弁護人制度を蘇えらせるものと言ってよかった。しかし、これに対する警戒感は一部の弁護士を除いて希薄であった。闘いとった自治ではなかったという面がこれには大きかった。

司法制度改革と弁護士会

平成の司法制度改革においても最重要のテーマの一つとされたのは弁護士制度であった。いかにして弁護士の増員を図るかということであった。二〇〇一年に本格的に始まった司法制度改革では法曹人口の大幅な増員が目指され、司法試験合格者年間三〇〇〇人が目標として掲げられた。その実施策として新司法試験制度と法科大学院(ロースクール)制度とが提案され、二〇〇六年度から新試験が実施された。しかし、この急激な増員については全国各地から「弁護士の質が落ちた」「司法試験に合格しても法律事務所に入れない人がたくさん出ている」などといった声が上がった。方針転換を余儀なくされた日本弁護士連合会は二〇一二年三月、「法曹人口政策に関する提言」を発表した。

総務省も二〇一二年四月、司法試験の合格者数を「年間三〇〇〇人程度」とした政府目標について「近い将来の達成は困難」として見直すよう法務省と文部科学省に勧告した。現在の年間約二〇〇〇人の合格者でも弁護士の供給過多で就職難が発生し、質の低下が懸念されると指摘し、法科大学院の定員削減や統廃合の検討を促した。政府も法曹人口の拡大計画の見直しに動き、安倍晋三内閣は二〇一三年七月、関係閣僚会議を開き、これまでの計画を撤回することを了承した。司法試験合格者については年間三〇〇〇人を目指すことを取り止め、法科大学院についても自主的な定員削減や統廃合を求めるとした。

問題はこのような急激な法曹人口の増員によって弁護士の困窮化がもたらされたということであった。司法修習生の生活資金給付制が貸与制に改められたことも弁護士の困窮化に与った。ロースクールでの奨学金、司法修習生時代の貸与金などを合わせると一〇〇〇万円近くになる弁護士も現われた。返還能力を超えた多額の残債務額は弁護士が弁護士法の掲げる「基本的人権を擁護し、社会正義を実現すること」という使命を実践する上での妨げになった。それは法科大学院の志願者減少という危機的状況をさらに加速させる原因ともなった。

かつて、一九二三(大正十二)年に弁護士試験が改正されて司法科試験に統一された折、当局はその試験基準を甘く運用し多くの者を合格させた。人為的な原因による弁護士数の急増のために弁護士の生活は非常に低下した。それに伴って弁護士の非行が増加し、社会の非難を浴びるような事件が起こった。戦時下に入る以前に弁護士は弁護士活動を行っていくための前提となる経済的基盤、社会的基盤を喪失しつつあった。今の状態はこれと似ていないだろうか。

裁判所の協力者

平成の刑事司法制度改革の目玉の一つは起訴前国選弁護制度の創設であった。二〇〇四年の「刑事訴訟法等の一部を改正する法律」(平成十六年五月二十八日法律第六二号)により起訴前国選弁護制度が創設されることになった。ただし、新設された起訴前国選弁護は逮捕段階からの国選弁護ではなく勾留段階からの国選弁護であった。同改正法施行後、三年程度を経過した後は起訴前国選弁護制度の対象事件を必要的弁護事件(死刑または無期もしくは長期三年を超える懲役もしくは禁錮に当たる罪の事件)に拡大するとされていたことから、二〇〇九年五月からこの拡大が実施されることになった。その後も弁護士会の要望に沿って拡大が図られている。

問題はそれが裁判官による弁護人の解任制度の創設と抱き合わせだった点である。先の改正では併せて「裁判所は、次の各号のいずれかに該当すると認めるときは、裁判所若しくは裁判長又は裁判官が付した弁護人を解任することができる」(第三八条の三)という規定が設けられたからである。そこでは「弁護人がその任務に著しく反したことによりその職務を継続させることが相当でないとき」も解任できるとされている。この解任制度が「裁判の迅速化」に協力しない弁護人を解任する制度にとどまらず、弁護人に対し事実上の裁判協力義務を負わせる根拠規定に化す危険性は杞憂とはいえない。

総合法律支援法(平成十六年法律第七四号)に基づいて国選弁護人の推薦権が弁護士会から日本

司法支援センター(法テラス)に移ったこともこのように危惧する理由の一つである。二〇〇七年十一月からは改正少年法の施行に伴って国選付添人の推薦も法テラスの業務となった。法テラスの考えている「刑事弁護の標準型」が極めて細かいという点も気がかりである。この標準型に従った刑事弁護が国選弁護にとどまらず私選弁護にも拡がる可能性は強いが、それは刑事弁護の内容を裁判所、法務省・検察庁、そして政府が事実上決める結果を招くことにならないか。そうなると弁護制度が変質化することは火を見るよりも明らかであろう。

弁護士と弁護士会自治の危機

一九九〇年代末から始まった司法制度改革は、司法の反動化と司法行政の官僚的統制に歯止めをかけるものではまったくなかった。冤罪を生み出す刑事司法制度の構造的問題点にもまったく手がつけられていない。それどころか、捜査機関による人権蹂躙が発生するのは捜査機関に捜査に必要な武器が十分に与えられていないためだ、武器を十分に与えれば人権蹂躙が防止できるという「焼け太り」の論理が、戦前と同様に横行している。これに対して弁護士会は十分に対抗し得ているのか。弁護士委員も加わる法制審議会は不思議なことにこの「焼け太り」に全員一致で「お墨付き」を与える役割を果たしている。戦前、弁護士階層は治安政策的刑事手続政策に積極的に協力し、これを推進する多くの弁護士と、これに反対し、ついには自らも治安維持法違反の罪に問われることになった弁護士に次第に分化していった。そのような経過のなかで日本弁護士協会も東京弁護士会も新治安維持法に対し積極的に賛成決議を挙げるに至った。それでは今の弁護士会はいかがであろうか。経済的に苦しいので弁護士会の会費を払わなくても済むように弁護士会強制加入制度は廃止して欲しい。このように主張する若手弁護士も現われるに至っていると聞く。今、弁護士と弁護士会は危機にあると言っても過言ではない。

第四章 「犯罪の予防」と「犯罪者の更生」

1 戦後の「転向」政策

思想犯保護観察法の制定

一九三四(昭和九)年、一九三五(昭和十)年の二度にわたる治安維持法の改正が挫折した後、司法省は取り急ぎ「転向」政策に必要な法案として一九三六(昭和十一)年五月、思想犯保護観察法案を第六十九帝国議会に提出した。法案には「保護観察」という名称が用いられていたが、当局の意図はもっぱら「再犯防止のための観察」や「転向を促進し又は確保するための観察」にあった。議会での提案理由説明では「保護」という言葉はまったく使われていない。本法による保護観察の対象者は一万人を超えていたが、衆議院でも反対はわずか一人で、貴族院では全会一致で可決された。この思想犯保護観察制度は内地にやや遅れて植民地の朝鮮と租借地の関東州でも施行された。少年にして治安維持法の罪を犯した者についてでは本法のみを適用するとされた。

保護観察処分は保護観察審査会が決議して付するものとされたが、必要があるときは決議前に保護観察に仮に付すこともできた。主たる処分の内容とされたのは、①本人を保護観察所の保護司の観察に付すこと、②保護者に引き渡すこと、③本人を保護団体、寺院、教会、病院その他の適当な者に委託すること、の三つであった。本人の父母・後見人のほか、雇主その他現実に本人を保護・指導し得る適任者も「保護者」とされた。「保護団体」等への委託については会社・工場・事務所・商店・組合・農家等に事務員または見習いなどの名義のもとに委託保護し、受託者に委託費を支給する方法がとられた。付加処分の内容は居住の制限・交友の制限・通信の制限その他適当な条件の遵守を命ずることで、主たる処分のみでは十分でない場合に用いることとされた。主たる処分との併用も認められた。「交友の制限」は旧同志との交友、とりわけ非転向者との交友を禁じたものである。

保護観察期間は一律に二年と定められたが、保護観察審査会の決議で無制限に期間を更新できた。保護観察の射程は消極的な監視にとどまらず、積極的な「補導」、それも「精神的な補導」(「皇民」化)にまで及んだ。人権蹂躙ではないかという質問に対する政府答弁は「皇民」化による再犯防止はいわば「善を施す」ことで保護観察の本質は「善」だというものであった。保護観察所は東京をはじめとして全国二二か所に置かれた。保護観察所が果たしたのは指揮所ともいうべき役割で、その指揮の下に実務を担ったのは嘱託保護司であり保護団体であった。国の予算措置は貧弱でそのために第一線は民間が担わされるという日本の社会事業の特質は思想犯保護観察でもみられた。思想犯保護観察制度は一九三〇年代以降の治安維持法体制において重要な柱の役割を果たした。

転向による執行猶予

名古屋地方裁判所に係属の「転向」事件について大審院の一九三五(昭和十)年五月二十三日の判決は原判決を破棄自判し、新たに事実審理した上で「被告人を懲役二年に処す。ただし、右の刑は裁判確定の日より三年間その執行を猶予する」という主文を言い渡した。

その理由とされたのは、「その後刑務所に収容せられて静に過去を反省し、父母の恩愛に感激し、我国体の世界に冠絶する所以を覚醒するに至りて、共産主義が我国体に根本的に背反することを悟り、過去一切の盲信を捨てて翻然転向し、将来全く共産主義に関係せず忠順孝悌の臣民として更生すべきことを誓うに至り、保釈出所後も全く同志との関係を断ち、将来においいて過去の罪過を償わんが為最善の努力を為しつつあることは一件記録、証拠書類、被告人の公廷における供述によりこれを認め得べし」というものであった。

転向およびその後の改善更生が斟酌されて原審の実刑が破棄されて執行猶予が言い渡されている。弁護人が被告人の転向をもって被告人に有利な事情として酌量減軽を求めていることも注目される。転向政策においては家族関係を最大限に利用して被告人の転向を促すというのも柱とされた。転向する被告人は少なくなかった。下級審では転向してもなかなか執行猶予が認められなかったことから右のような判決が言い渡されたのであろう。政府の転向政策を後押しする判決といえる。ちなみに思想犯保護観察法は翌年の一九三六(昭和十一)年五月に公布された。

思想犯保護観察法の廃止と保護観察制度の復活

戦後、思想犯保護観察法も治安維持法と同じく「「ポツダム」宣言の受諾に伴い発する命令に関する件に基く治安維持法廃止等の件」(昭和二十年勅令五七五号)により廃止された。しかし、司法省は敗戦後の混乱に伴う社会秩序の乱れに対し社会秩序を確保するためには司法保護制度を整備・拡充する必要があるとして刑事手続の場合と同様、「戦時の衣」を「平時の衣」に変えて司法保護事業の復興にとどまらず更なる整備・拡充を図ろうとした。それは政府の受け入れるところとなり、一九四六年六月、司法大臣官房保護課が復活することになった。思想犯保護観察法の廃止は一九四五年十月のことであるから、同法の廃止が司法保護制度の整備・拡充という司法省の、そして政府の方針に何らの影響も与えていないことが分かる。

保護課が復活した六月、「少年審判所設置ノ件」(大正十一年勅令第四八八号)が改正され、少年審判所の増設および保護司の増員が行われている。新たに静岡、長野、京都、高松、金沢、松江、熊本、秋田の八か所に少年審判所が設置されることになった。保護司も一六人が増員された。

拡充の動きは事業団体の側でも同様であった。一九四六年五月に東京少年審判所管内の少年保護団体が少年保護団体中央連盟を結成した。執行猶予者・釈放者保護の新施設たる司法輔導所も続々と誕生した。司法省では司法保護事業復興の先駆として司法輔導所に期待し、特にこれを助長する方針をとり、司法保護協会も補助金を出すなどした。司法省の指導の下での整備・拡充という点は戦前と同様であった。司法省は司法輔導所の誕生に先立つ一九四五年十月、司法輔導所の設置について通牒を出していた。恩赦釈放者、戦災または終戦を原因として生活の方途を失った執行猶予者・釈放者の更生を援護するために適当な司法保護団体の内容を充実して司法輔導所となし、これらの者を収容して保護を行う施設を、検事正が指定し、刑政局長が認定するという手続が定められた。

ここでも検事の関与が謳われた。思想検事が横滑りした公安検事の主導で保護観察制度の整備・拡充が図られた。このような官側の動きは司法保護団体も望むところであった。司法保護の対象者を一般の犯罪者に拡大するというのは保護団体が一貫して国に対し要望してきたところのものであった。

新少年法の制定と保護処分

一九四九年一月、少年法(昭和二十三年法律第一六八号)および少年院法(昭和二十三年第一六九号)が施行された。この新少年法は二十歳未満の者を少年としたが、旧少年法を踏襲して少年に対する保護観察を規定した。ただし、十四歳未満の少年については少年院に収容せず保護観察の対象にもしないこととされた。少年院法では家庭裁判所から保護処分として送致される者を収容し、これに矯正教育を授ける施設として少年院を設置することとされ、少年院の設置、位置、種別、少年院における処遇等について規定が置かれた。これにより矯正院法(大正十一年法律第四三号)は廃止された。

「下級裁判所の設立及び管轄区域に関する法律の一部を改正する法律」(昭和二十三年法律第二三三号)により、少年に対する保護処分の決定を行う司法機関として家庭裁判所を設置することとされた。ただし、この保護処分の決定を行ってきた少年審判所は廃止せず、保護観察の執行機関として当分の間、存置されることになった。GHQは当初、少年審判所のような行政官庁が自由を拘束する保護処分を決定することは違憲であるから少年裁判所を設置すべきであると主張したが、結局、保護処分の審判は家事審判と合わせて新設される家庭裁判所が行うこととなり、少年裁判所は設置されないことになった。

このようにして法務庁・法務府主導の下で少年の保護観察が戦後の日本の保護観察制度を牽引する役割を担うことになった。GHQは釈放者保護事業の管轄を司法省から厚生省に移すべきではないかと提案したが、厚生省はこれまで司法省が更生保護事業を担当してきたこと、当時の厚生省の業務が安定せず多忙を極めていたこと等を理由として慎重な態度を示したために移管の話は自然消滅することになった。これには社会事業関係者の更生保護に対する理解が不十分だったということも大きかった。社会福祉の関係者の中には更生保護に対して蔑視感のようなものさえもがみられた。

犯罪者予防更生法と更生保護の再出発

新少年法の施行(一九四九年一月一日)を受ける形で同年四月二十六日、犯罪者予防更生法案が国会に上程された。法案は五月二十三日、衆議院での修正のまま参議院で可決成立し、同法施行法案も同日、可決成立した。ともに五月三十一日に法律第一四二号および法律第一四三号として公布された。これにより更生保護制度が再発足することになった。

法務府の外局として中央更生保護委員会が置かれ、その地方支分部局として地方少年保護委員会および地方成人保護委員会が置かれ地方少年保護委員会の事務分掌機関として各地方裁判所の所在地に少年保護観察所が、地方成人保護委員会の事務分掌機関として成人保護観察所が設置された。保護観察所は在来の少年審判所、司法保護委員会にとって代わることになった。法務庁の成人矯正局、少年矯正局、検務局恩赦課の一部は中央更生保護委員会の事務局に吸収されることになった。

保護観察に付せられる者は家庭裁判所からこの地方委員会に送致せられた者、少年院仮退院中の者、仮出獄中の者および少年で執行猶予の言渡しを受けた者の四種類で、遵守事項を定めてこれを指導・監督し、かつ必要な補導・援護を与えることになった。政府提出の原案では自由刑の執行猶予を受けた者については成年も少年も保護観察に付することとされていたが、衆議院で修正され、懲役または禁錮につき刑の執行猶予の言渡しを受けた者が十八歳未満の場合に限り保護観察に付することに改められた。

司法保護団体の監督についても所要の改正が行われた。従来、司法保護団体の監督は検事長が検事正、少年審判所長、保護観察所長または刑務所長をして行わせていたが、犯罪者予防更生法の施行に伴い、「中央更生保護委員会をして司法保護事業法により司法保護事業を経営する者の監督に関する事務を行わせる件」(昭和二十四年法務府訓令、番号不明)により中央更生保護委員会が監督することになった。「司法保護団体ノ監督ニ関スル件」(昭和十四年司法省訓令第一六七四一号)は廃止された。犯罪の予防活動の助長を目的として犯罪者の発生を予防するための科学的な調査研究、世論の啓発、指導等についても必要な事項が本法で規定された。

問題は犯罪者予防更生法における「犯罪の予防」と「犯罪者の更生」の関係である。第一六条第四号で犯罪の予防に関する適当な計画を樹立し、犯罪の予防を目的とする諸活動の発達を促進し、援助することが中央更生保護委員会の権限の一つとされているものの、法務府として特段の「予防」のための施策が考えられているわけではなく、主眼は「犯罪者の更生」に置かれ、この「犯罪者の更生」を通じて「犯罪の予防」を図ることとされた。「犯罪者の更生」も当事者のためのそれというよりは「犯罪の予防」のためのそれになっており、現に国会答弁では、「犯罪者の更生」のもつ一般の社会事業とは異なる「非常な刑事政策的な色彩」が強調された。保護観察の包含する人権侵害ないし人権制限の危険性に対して配慮するという姿勢も脆弱であった。適正な法運用に努めるので特段の問題は生じないとの答弁しかなされていない。

思想犯保護観察法に対する反省も不十分なものであった。政府によると思想犯保護観察法と犯罪者予防更生法とは全く趣旨を異にしているとされ、その論拠として犯罪者予防更生法では満期釈放後の保護観察は認められていない点が挙げられているからである。思想犯保護観察法廃止を契機に戦前の更生保護の展開を自ら批判的に検証し、この検証の上に戦後の更生保護の再出発を図るというような姿勢はうかがえない。そのことは過ちを繰り返す危険性が残されたということを意味した。現に思想犯保護観察法の保護観察制度との分水嶺だとされ、一九四五年九月二十八日の司法省刑政局の予算要求の中にはみられたものの犯罪者予防更生法では落とされた「満期釈放者に対する保護観察」はその後、長期的な、しかも秘められた課題としてその復活が図られることになる。

更生緊急保護法と刑法の一部改正など

更生緊急保護法(昭和二十五年法律第二〇三号)は、犯罪者予防更生法により国の保護を受けられない者のうち身柄の拘束を解かれてから六か月以内の者の申出によって国が保護を加えることのほか、従来比較的ゆるやかな監督のもとに置かれてきた司法保護団体運営の方式を変更し、更生保護事業の認可その他各般の監督を適正に行い、国がみずから直接この事業を全面的に行う場合と実質上ほとんど異ならないように管理すること等を規定したものである。犯罪者予防更生法と並んで国家の刑事政策上、重要な使命を果たすものと位置づけられた。

一九五四年の刑法の一部改正により保護観察の対象が十八歳以上の者にまで拡大されることになった。一九五一年一月二十日、法制審議会総会が開催され、法務総裁から「成人に対しても保護観察の制度を採用する必要があるとすれば、その法案の要綱を示されたい」および「刑事訴訟法運用の実情にかんがみ、早急に改正を加えるべき点があるとすれば、その法案の要綱を示されたい」という二項目が諮問された。検討を重ねた刑事法部会は同年五月九日に開催された第六回法制審議会総会において、部会長草野豹一郎から「成人に対しても保護観察の制度を採用する必要があるとすれば、その法案の要綱を示されたい」という諮問に関する審議経過の報告を行った。報告を受けた総会は部会決議の答申案を一部修正の上議決し、法務総裁に答申した。執行猶予の範囲を拡大するとともに十八歳以上の者に対しても保護観察を付し得ることとするというのがその内容であった。

答申を受けた法務府（一九五二年から法務省）はこれを盛り込んだ刑法等の一部を改正する法律案を国会に上程した。法案は一九五三年八月六日の参議院本会議で賛成多数で可決され、成立した。同年法律第一九五号として公布された。それでも、法務省の拡大方針はとまらず、再び刑法の一部を改正する法律案を一九五四年二月二十三日、国会に上程した。同年四月一日の参議院本会議では法務委員会委員長から審議の経過等が報告された後、法案の採択に入り、全会一致で原案通り可決すべきものと決定された。一部改正法のうち刑法改正法は同日、同年法律第五七号として公布された。これにより保護観察の対象は初度目の執行猶予者にまで拡大されることになった。

執行猶予者保護観察法

執行猶予者保護観察法案は刑法一部改正法案とあわせて刑法等一部改正法案として一九五四年二月に国会に上程された。先の国会で執行猶予者の保護観察については犯罪者予防更生法とは別の独立の法律で行うべきであるとされたことから法務省において準備され、上程されたものである。参議院本会議でも全会一致で可決され、成立した。法律第五八号として即日公布された。

犯罪者予防更生法とは別の独立した法律と説明されたが、提案理由説明でも明らかなように犯罪者予防更生法の規定のうち執行猶予者に適用するのは相当でないと考えられるものをとりあえず取り出して作りあげた法律だとの印象は拭い難かった。法原理的な問題のほか、「効果」如何、「運用」如何その他の多くの重要な問題がすべて棚上げされたままでの可決・成立であった。保護観察の目的からいって「補導援護」という積極面を重点に考えるべきだとして第六条で補導援護を規定し、第七条において指導監督を規定するという順序を採用したことと補導援護について「公共の優先の原則」を規定したこととの整合性如何という問題も俎上にあげられることはなかった。

もっとも、社会事業と更生保護事業の関係如何という問題は執行猶予者だけの問題ではなかった。すべての更生保護の対象者に関わる問題であった。更生保護事業だけで対象者の更生保護を図ることは難しかった。社会事業の力も借りる必要があった。しかし、社会事業法では更生保護事業は同法にいう社会事業から除くとされており、社会事業関係者の更生保護の対象者に対する忌避感が強いということに鑑みると、保護観察の対象者が「一般の無差別平等に行うべき社会福祉関係の施設」を利用することは制度的にも心理的にも難しかった。このような本質的な矛盾を抱えながらも保護観察の対象者が拡大されていった。保護観察の内包する矛盾もまたそれに比例する形で質的、量的に肥大化していくことになった。

売春防止法と更生保護

GHQから公娼制度の廃止が要求されたことから一九四六年に娼妓取締規則(明治三十三年内務省令第四四号)が廃止され、一九四七年にポツダム勅令として「婦女に売淫をさせた者等の処罰に関する勅令」(昭和二十二年勅令第九号)が制定された。しかし、赤線地帯は取締りの対象から除外されたために公娼制度は事実上、存続した。売春防止法の制定が注目を集めることになり、女性議員によって議員立法という形で繰り返し法案が国会に上程されたが、いずれも可決成立にまでは至らなかった。

一九五六年、第四回参議院議員選挙を控えて第二十四国会が開かれた。自由民主党は選挙で女性票を獲得する狙いから売春対策審議会の答申を受け入れて売春防止法の賛成に転じた。売春防止法案は同年五月二日に国会に上程され、同月二十一日に可決成立した(昭和三十一年法律第一一八号)。刑事処分については一年間の猶予期間が置かれ、一九五八年四月一日から適用された。法律の施行に伴って赤線は廃止された。

売春防止法は売春を助長する行為等を処罰するとともに、性行または環境に照らして売春を行うおそれのある女子に対する補導処分および保護更生の措置を講ずることによって売春の防止を図ることを目的とした。「第五条の罪(売春勧誘等の罪―引用者)を犯した満二十歳以上の女子に対して、同条の罪又は同条の罪と他の罪とに係る懲役又は禁錮につきその刑の全部の執行を猶予するときは、その者を補導処分に付することができる」、「補導処分に付された者は、婦人補導院に収容し、その更生のために必要な補導を行う」(第一七条)とされた。補導院では更生のための生活指導や職業訓練、心身の障害に対する医療が行われる。処分の期間は六か月間で、地方更生保護委員会は相当と認めるときは仮退院を許可することができた。ただし、補導処分の残余期間中は保護観察に付される。その期間中、遵守事項に違反しなければ補導処分を終わったものとみなされた。補導処分の執行を終わったときは刑の執行猶予の期間が六か月以上の場合でもそれが経過したものとみなされた。この補導処分は講学上、少年に対する保護処分とともに保安処分の一つと位置づけられた。

刑罰と保安処分

大正期に入るとドイツの影響を受けて日本でも新派刑法学に対する旧派刑法学の対抗という「学派の争い」が形成されることになった。新派が自由意思を否定し、責任能力の有無にかかわらず社会に脅威を与える者は社会防衛の対象とされるのは当然であって刑事責任の本質もそこにあるとするのは道徳を無視し、正義を否定するものであって、それは結局、道義と正義を土台とする刑法自体を廃止し、医学をもってこれに代えざるを得なくなる。行為ではなく行為者の人格（反社会的性格）に重点を置く新派の人格主義は、犯罪行為と罪責（責任）の道義を無視するものであり、結局、刑法が「人類行為の準則たる性質」を失わせることになる。刑法は既に罪が犯されたる後行為者に対し施すべき措置を定むる法にして、未だ罪を犯さざる人に対し施すべき予防の策を講ずべきものにあらずなどと新派刑法学が旧派刑法学からは批判された。

保安処分も「学派の争い」の重要な対立点となった。保安処分に理論的な基礎付けを与えたのは十九世紀後半に登場した新派刑法学の社会防衛論であった。新派刑法学によると刑罰は社会防衛のために行為者の社会的危険性に対応し、その危険性を除去するためのものとされたから刑罰と保安処分との間には本質的な区別はなく、理論的には両者は保安処分一本に統一されるべきものであるということになる。この一元主義に対して旧派刑法学は二元主義を唱えた。刑罰は犯罪行為に対する責任を基礎としてその行為に対する応報として行為者に苦痛を与えることで犯罪の一般予防に奉仕する。これに対し保安処分は「危険性」を基礎として再犯防止のために特別予防を施すもので、再犯防止を目的に治療・改善を施すことを内容としている。両者は本質的に異なる。旧派刑法学によるとこう説かれた。

保安処分が初めて法案として登場したのは一八九三年のスイス刑法予備草案であった。これは刑罰と保安処分との二元主義をとるもので、刑罰に関しては責任主義を残し、それとは別に責任を必要としない保安処分を採用するというものであった。ヨーロッパで実際に保安処分制度が採用されていったのは一九三〇年代で、ドイツ、オランダ、北欧諸国などが導入していった。いずれも二元主義に立脚するものであった。当初は常習累犯者に対する予防処分に中心が置かれたが、第二次大戦後は精神障害者や薬物依存者に対する医療的性格の強い保安処分へと軸足を移した。

日本でも刑法に保安処分制度を導入しようとする動きは古くからあり、一九二六(大正十五)年の「刑法改正ノ綱領」のなかに「保安処分トシテ労働嫌忌者、酒精中毒者、精神障礙者等ニ関スル規定ヲ設クルコト」という項目が置かれた。このような方針はその後の改正刑法仮案(総則は一九三一(昭和六)年、各則は一九四〇(昭和十五)年に公表)のみならず、戦後の改正刑法準備草案(未定稿、一九六〇年発表)においても引き継がれた。これに対する学界の議論の中心は保安処分に賛成か反対かではなく、一元主義の立場から支持するか二元主義の立場から支持するかに置かれた。そのような態度は戦後刑法学でも維持された。人権の制限は刑罰よりも保安処分の方が少ないと考えられたからである。予防拘禁としての保安処分を採用した治安維持法の教訓が生かされることはなかった。

刑法全面改正作業の挫折

一九七四年五月、法制審議会は全三六九条からなる改正刑法草案を決定した。罪刑法定主義の明文化や全文をひらがなの口語体にするなど、一九六〇年の準備草案に比べて一定の改善を図った反面、①保安処分の新設や、②外国元首・使節に対する特別保護規定、③企業秘密漏示罪、公害罪、船舶・航空機の強奪・運行支配罪、準恐喝罪の新設、④騒動の罪の著しい強化など、一層の犯罪化および重罰化の方向を含んでいた。原因において自由な行為、共謀共同正犯など、それまで慎重に扱われてきた事柄や学説、裁判例において大きく意見が対立している争点についても大胆に方針転換し、立法的解決を図る明文規定を置いた。

このために学界や弁護士会、各種の人権団体などから犯罪となる行為の範囲が広くなりすぎて社会活動を萎縮させることや内容が国家主義的であることなど、多くの批判を受けた。特に保安処分を新設すると定めたことに関しては大きな問題があるとして強い批判を受けることとなった。これには日本精神神経学会が一九六九年の学会総会において従来の保安処分推進の態度を改めて保安処分反対の総会決議をあげたことが大きかった。この転換を受けて弁護士会や刑法学会なども反対の姿勢を鮮明にしたからである。

改正刑法草案では精神障害の場合の治療処分、薬物中毒の場合の禁絶処分の二種類の保安処分が規定された。共に保安施設に収容される。治療処分は三年が基本で裁判所が最長四年まで延長を決定できる。重大な犯罪を再び犯すおそれがある場合はそれ以上の延長も可能である。禁絶処分は一年が基本で裁判所が最長二年まで延長を決定できる。仮退所・退所をした場合は二年間の療護観察が待っている。療護観察期間に問題がなければ保安処分は終了する。ただし、必要があれば再収容される。

法制審議会から改正刑法草案の答申を受けた法務省は一九八一年十二月、「刑法改正作業の当面の方針」を公表した。大方の合意が得られると認められるものと不備是正等のために現行刑法に修正を加えることが相当と考えられるもの(罪刑法定主義の規定、執行猶予の要件の整備、周旋第三者収賄罪・飲食物毒物混入罪・人質強要行為の罪の新設など)については概ね草案に沿った内容とし、賛否の対立が著しくなお動向を見守ることが相当と認められるものについては原則として現行法の通りとされた。しかし、保安処分の刑法典への導入の姿勢が堅持されたために国民の強い批判を浴び、この方針が実現されることはなかった。

その後の刑法全面改正作業は現代用語化に絞ったものへと矮小化していくことになった。そのための刑法一部改正法案が国会を通過し、一九九五年五月に公布された。この改正に際しては一九七三年四月四日の最高裁大法廷判決によって憲法第一四条に違反し無効とされていた尊属殺人の罪のみならず尊属傷害致死など、被害者が尊属である場合を加重処罰する規定もすべて削除された。

2　施設と社会での保安処分

精神衛生法の制定

戦後の精神医療制度を方向づけた精神衛生法は議員立法として国会に提出され、第七国会において総員賛成で可決成立された。一九五〇年五月一日の公布施行に伴って、戦前の精神病者監護法(一九〇〇年)および精神病院法(一九一九年)は廃止された。

「ベット数の不足から、現在病院に収容することができず、座敷牢にある者の数は二千六百七十一人に達しておる実情であります。健全な社会の発展のためには、身体に対する衛生と並んで、精神衛生が不可欠であることは申すまでもございません。……ここに提案しようといたしまする精神衛生法案は、この立遅れ、取残されて来た精神衛生行政の車を一刻も早く前進させまして、心身ともに健康なバランスのとれた国民社会が達成されることを願ったものであります」

同法の立法趣旨が提案者の中山壽彦参議院議員からこのように説明された。同法の特徴は次のようなものであった。

従来の座敷牢による私宅監置の制度を廃止して、長期にわたって自由を拘束する必要のある精神障害者は精神病院または精神病室に収容することを原則とする。精神病院の設置を都道府県に義務づけ、都道府県知事は都道府県が設置する精神病院に代わる施設として指定病院を指定する。法規制の対象に精神薄弱者および精神病質者も加える。精神障害者の保護義務者の制度を従前通り規定する。精神障害のため自分自身を傷つけ他人に害を及ぼすおそれのある者については、精神衛生鑑定医の診断結果にもとづき、都道府県知事の命令によって、本人または保護義務者の意思に反しても都道府県の費用負担で精神病院へ収容できる措置入院の制度を設ける。入院を必要とする精神障害者で任意入院を行う状態にない者については、保護義務者の同意があれば入院させることができる同意入院の制度を設ける。自宅療養の精神障害者に対し巡回指導の方法を講ずる。精神衛生審議会を厚生省の付属機関として設置する。

憲法違反の内容

同法は日本国憲法に違反していた。措置入院の要件の「自傷他害のおそれ」は曖昧な概念で濫用のおそれを内包していた。部屋の扉を蹴った、あるいは迷惑電話をかけただけで「他害のおそれ」があると認定され得た。しかし、法はこの判断を精神衛生鑑定医に委ね、それをチェックする手続も定めていなかった。それは同意入院でも同様で、保護義務者が患者本人の権利と利益を適正に擁護し得る保証はなかった。利益相反することがあり得たが、法は保護義務者の判断をチェックする手続も規定していなかった。保護義務者の同意が形骸化するおそれもあった。現在でも「本人の同意が得られないために医療保護入院とした」という医師等の記述がよくみられる。これらは憲法第三一条の適正手続保障に違反していた。第一四条の平等原則にも違反していた。暴力団構成員のように「他害のおそれ」が強くても予防のための身柄拘束は現憲法下では認められないとされるが、「精神障害者」についてはそれが認められているからである。

治療の必要性が理由とされるが、強制治療は最後の手段であり、「自己又は他人の生命、身体、自由又は財産に対する現在の危難を避けるため、やむを得ずにした行為は、これによって生じた害が避けようとした害の程度を超えなかった場合に限り、罰しない」(刑法第三七条第一項)などの要件を満たす必要がある。しかし、精神衛生法は入院治療を原則としており、右の要件を欠いている。強制入院させても有意な治療が用意されているわけではない。これでは不法監禁や虐待などに該当し得た。

しかし、国会にはこのような意識が乏しかった。精神障害者は危険だという差別・偏見が議場を支配していた。犯罪発生率はむしろ低いといった事実が着目されることはなかった。それはマスメディアのみならず司法界や法学界でも同様であった。

蛇行を繰り返す法改正

精神衛生法はその後、法改正を重ねた。ライシャワー駐日アメリカ大使が統合失調症の少年に刺され負傷したという事件を契機とした一九六五年の一部改正では自傷他害が著しい精神障害者に対する緊急措置入院制度の新設、通院医療費公費負担制度の新設、保健所による精神衛生相談や訪問指導の強化などが規定された。

看護職員らの暴行によって入院患者二名が死亡したという宇都宮病院事件を契機とした一九八七年の精神保健法の成立で本人の同意に基づく任意入院の制度の創設、入院時の書面による権利等の告知制度の新設、入院の必要性や処遇の妥当性を審査するための精神医療審査会の創設、社会復帰の促進のための社会復帰施設規定の創設、法律の五年ごとの見直しなどが定められた。一九九三年の精神保健法の一部改正では精神障害者地域生活援助事業が法定化され、精神障害者社会復帰促進センターが創設された。

障害者基本法の成立を受けた一九九五年の精神保健福祉法の成立で精神障害者が法的にも障害者として認知され、法律の中で精神障害者福祉が謳われることとなり、法の目的に「自立と社会経済活動への参加」が加えられた。精神障害者保健福祉手帳制度が創設され、社会復帰施設の四類型(生活訓練施設、授産施設、福祉ホーム、福祉工場)が定められ、社会適応訓練事業が法定化され、公費負担制度の保険優先化などが定められた。

それでも、精神病院での不祥事は後を絶たなかった。院長が死亡患者の預金口座から金銭を引き出す。看護助手らが医療保護入院患者に重傷を負わせ死亡させる。不適切な身体拘束で患者を死亡させる。医師の診察なしに患者を隔離・拘束し、保護室以外の場所へ隔離させる。患者の退院・処遇改善請求を取り下げさせる。薬剤を大量投与する。診療報酬を水増しする。閉鎖病棟での痙攣を伴う電気ショックを常態化させる。両親との面会を拒否する、等々。民間の単科の精神病院が多い等の事情も加わって患者の人権擁護体制が脆弱だということが露呈された。最近でも保護室内での患者の不審死や看護師による患者傷害事件などが報じられている。

池田小学校事件と医療観察法の制定

二〇〇一年の大阪教育大学附属池田小学校事件によりベクトルが再び社会防衛に傾くことになった。児童八名が殺害されたこと、同事件で死刑を言い渡された被告人には措置入院歴があったことなどから与党はプロジェクト・チームを作り、法整備に乗り出した。以前から日本精神科病院協会が働きかけていたことも与って二〇〇三年に「心神喪失等の状態で重大な他害行為を行った者の医療及び観察等に関する法律」（心神喪失者等医療観察法）が成立した。

立法事実が存在しないことは政府自身も認めており、日弁連などが当初は反対したことから対象者は殺人などの重大な他害行為を行ったが「心神喪失」により不起訴または無罪となった者に絞られた。手続についても裁判官と精神保健審判員（精神保健指定医）の合議で審判を行い、適切な鑑定や専門家・関係者の意見を踏まえて一定期間の強制通院・入院を含めた適切な処遇を決定する。入院医療は全額国費で国公立等の指定入院医療機関で適切な処遇を実施する。退院後は指定通院医療機関で医療を継続し、保護観察所が都道府県等と連携して処遇の実施計画を定め、観察・指導等を実施する。被害者等に裁判所の手続等の傍聴を認め、審判結果を通知する、などが規定された。

法制定に当たっては「対象者の保護」が強調されたが、その後の運用は社会防衛に大きく傾いている。違憲性は強い。裁判官の関与する審判でも事実誤認が生じている。治療が必要な時に必ず治療が受けられる構造にはなっていない。措置入院等の既存の治療と異なるわけではない。新施設(指定入院医療機関)は地域的に偏在しており、患者の社会復帰を妨げている。既存の精神医療関係予算が減ぜられる結果を招いている。退院者から自殺者が出ている。医療観察法に基づく強制入院制度はもはや破綻しているとさえいわれている。

その後の動き

精神保健福祉法の改正はその後も続いている。障害者自立支援法の成立を受けた二〇〇五年の一部改正では、精神医療審査会の委員構成の見直し、改善命令等に従わない精神病院に関する公表制度等の導入、緊急時における入院等に係る診察の特例措置の導入、任意入院患者に関する病状報告制度の導入、市町村における相談体制の強化、精神分裂病の統合失調症への呼称の変更などが規定された。また、二〇一三年の一部改正では、精神障害者の医療の提供を確保するための指針の策定、保護者制度の廃止、医療保護入院について「家族等」のいずれかの者の同意の要件化、医療保護入院者の退院後の生活環境に関する相談および指導を行う者の設置の義務づけなどが規定された。二〇一一年の障害者虐待防止法や二〇一二年の障害者総合支援法も制定されている。

異なるベクトルのために蛇行しながら法改正が行われている。突発事件により差別・偏見をより深めた世論を追い風に進められる強制医療の法制化ないし拡大というのがその一つである。もう一つは、精神病院等における人権侵害事件の発生や国連勧告等に起因する患者の人権擁護システムの整備ないし法制化というものである。近時は国際的な批判を避けるなどのための強制退院の促進という新たなベクトルも加わっている。第一のベクトルが依然として支配的で、第三のベクトルも新たな人権侵害だといえる。退院後の受け皿が用意されていないからである。

相模原事件

そのようななかで二〇一六年七月二十六日、神奈川県相模原市の障害者施設で殺傷事件が発生した。同月二十八日に首相官邸で開催された関係閣僚会議で安倍首相は塩崎恭久厚労相や河野太郎国家公安委員長らに対し施設の安全確保や措置入院の見直しについて早急に検討するよう指示したという。事件の容疑者が同年二月に殺人をほのめかしたことから措置入院の措置が取られたが二週間で退院していたことからネットなどでは「退院させなければ、事件は起きなかった」という意見が続出し、政府や自民党でも制度の見直しを検討することが決まり、厚労省も翌二十九日、措置入院制度の見直しを検討する方針を固めた。厚労省は「相模原市の障害者支援施設における事件の検証及び再発防止策検討チーム」ならびに「これからの精神保健医療福祉のあり方に関する検討会」を設置し、右の見直しについて検討させることとした。池田小学校事件の時と同じパターンだが、今回は措置入院退院後の対象者への監督強化(保護観察の導入等)が見直しの柱になるものと予想された。

検討会の報告書を基にして取りまとめられた精神保健福祉法の改正案は二〇一七年二月二十八日に閣議決定され、国会に上程された。九月二十八日に衆議院が解散されたことにより廃案となったが、再上程が予想される。国会上程に当たっては相模原事件と同様の事件を二度と発生させないように法整備を行うことが改正の趣旨だとされた。その後の国会審議において「相模原事件」云々の部分は趣旨から除くとされたが、改正の内容に修正が加えられることはなかったので再発防止が依然として改正の実質上の目的とされたといえよう。そのために同法案に対しては当事者団体などから次のような厳しい批判が加えられた。

改正法案は、脱施設化・地域医療化、任意・自発的医療化に向かう国際的潮流と真逆の方向を目指すものであり、到底容認できない。改正法案は、精神医療が治安の道具ではないにもかかわらず、精神医療を治安目的として利用し、入院者に対する管理・監視を強め、精神障害者の人権を侵害し、精神障害者に対する差別と偏見を助長するものである。改正法案は、相模原事件が措置入院者への処遇や退院後の対応の仕方に問題があったために生じたかのような誤った前提に立つものであり、法改正の理由も必要性もない。改正法案は、精神医療に治安維持の責任を真正面から求めていること、入院の長期化を招くこと、精神障害者のプライバシー権を剝奪すること、対象者に対する差別・偏見を助長すること、医療関係者と入院者の間の信頼関係を根底から破壊する可能性があること、漠然たる危惧感に基づき長期または永続的な監視体制を築き上げてしまうこと、などの多くの問題点を抱えている。

これらの批判は的を射ているといえよう。精神衛生法や医療観察法と同様、本法案も憲法違反の疑いが強い。

社会が担う保護観察

刑罰法令に触れる行為を行った触法少年と犯罪少年に対する保護処分、あるいは心神喪失等の状態で重大な他害行為を行った者を対象とする心神喪失者等医療観察法などにみられる施設内での保安処分と、保護観察を利用した社会内での保安処分を二本柱とするというのが日本型保安処分の特徴である。そこでは社会自体が「保安処分」施設化される結果、社会自体が保安処分の担い手とされている。諸外国では更生保護は専門的な事柄であって公務員の身分を持つ専門家が担い手にふさわしいとされ、日本のようにボランティアの保護司に任せるのは妥当でないと批判される。しかし、日本では保護司の活用や自治体等との連携等が一貫して図られている。社会自体を担い手とするためである。家族の活用に加えて「医療(団体)」や「福祉(団体)」等も動員されることになる。司法と福祉の連携も強調されている。

消極的な再犯防止に止まらず積極的な感化教育(社会貢献など)の実施が追求されているのも日本的な特徴といえよう。保護(パレンス・パトリエ)と再犯防止(ポリス・パワー)は一体不可分だともされている。「思いやりの心」等による「同情」と当事者からの権利主体性の剥奪も特色である。マスコミ等が「体感治安の悪化」を煽るなか、ハンセン病強制隔離政策を下支えしたかつての「無らい県運動」に似た状況が現出している。監視社会の地域への浸透がみられる。

この日本型保安処分はますます強化されている。法務大臣により設置された「更生保護のあり方を考える有識者会議」の第一回会議は二〇〇五年七月に開かれた。有識者会議はその後、一六回にわたって意見交換を重ねた。翌年六月に開催された最後の第一七回会議で報告書「更生保護制度改革の提言——安全・安心の国づくり、地域づくりを目指して」が取りまとめられ、法務大臣に提出された。提言では保護観察を担うキーパーソンたる保護観察官に対し保護観察の取消し、解除・仮解除等を適切に実施するために、保護観察対象者との信頼関係の形成を重視するあまり更生保護制度が「社会を保護する」ことを目的とするものであり保護観察が刑事司法制度の一翼を担う保護観察所が行うものであることを没却したり、軽視したりすることがないようにということも求められた。有識者会議が社会防衛という観点から更生保護の改革を図ろうとしていることは明らかであろう。他方でバランスをとるという観点から就労支援および定住支援の強化等も謳われた。更生保護制度に関する所要の法整備についても更生保護制度の目的を一層明確にし、今後の更生保護制度に必要となる新たな制度を導入する立法措置を行う等、関係法律の整備を進め、国民に分かりやすい法律とすることを目指すべきであることなどが内容とされた。

更生保護法

二〇〇七年、更生保護法(平成十九年法律第八八号)が制定された。犯罪者予防更正法と執行猶予者保護観察法を廃止して更生保護法に一本化するとともに保護観察について所要の改正が図られた。保護観察における指導監督の強化と不良措置・良好措置の積極化（一般遵守事項の具体化、特別遵守事項の法定と具体化、指導監督方法の強化、保護観察対象者全般について処遇プログラムの導入）が主な内容であった。保護観察に従事する職員に対し対象者に過度に寄り添うことを禁止し、再犯防止が保護観察制度の主たる目的であることを徹底させるのもこの法の目的とされた。

同法の意義は犯罪者予防更生法および執行猶予者保護観察法の整理統合だけではなかった。保護観察における遵守事項を充実すること、社会復帰のための環境調整を充実すること、犯罪被害者等に関する制度を導入することなども新たに盛り込まれた。しかし、同法は長期的な視点に立ったものとは必ずしもいえなかった。有識者会議報告書が具体的に提言していた地方更生保護委員会委員への民間有識者の積極的登用、協力雇用主の三倍増、保護観察官の倍増等もその実行措置が法案に織り込まれるということはなかった。有識者会議の立場からみても改善の余地は相当に見受けられるものであった。

更生保護法第一条が「この法律は、犯罪をした者及び非行のある少年に対し、社会内において適切な処遇を行うことにより、再び犯罪をすることを防ぎ、又はその非行をなくし、これらの者が善良な社会の一員として自立し、改善更生することを助けるとともに、恩赦の適正な運用を図るほか、犯罪予防の活動の促進等を行い、もって、社会を保護し、個人及び公共の福祉を増進することを目的とする」と規定したことから、更生保護の目的は改善か再犯防止かという論争が国会審議でもみられた。この改善、再犯防止に、更生保護制度の隠された目的として「国民の理解」、とりわけ「犯罪被害者等の理解」も付け加えられ、改善か再犯防止かという論争にも大きな影響を及ぼしていくことになった。改善を主張する論者といえども「犯罪被害者等の理解」をどう得るかという問題を避けて通ることができなくなった。その後、問題は顕在化し、改善を主張する論者らは「修復的司法」(犯罪によって引き起こされた被害に関して、関係当事者(加害者・被害者・コミュニティー)の話し合いにより、被害者・加害者間の関係修復を図り、加害者の反省を促して更生を助長するという考え方)に接近していった。この「修復的司法」が政府が総合的な犯罪被害者対策の実行を棚上げにするなかで絵に描いた餅に陥れば陥るほど、更生保護は再犯防止に傾斜するという流れが形成されることになった。

ルビコン川を渡る

有識者会議で更生保護の改革のうち「中・長期的課題」とされたのは、①刑期満了者に対する新たな制度の検討、②執行猶予の取消し等いわゆる不良措置制度についての総合的な見直し、

③保護観察における情報機器の活用等(諸外国で行われている電子監視装置や電話による音声認識システム等を利用した行動監視等の制度の調査研究の継続等)、などであった。刑期満了者に対する新たな制度の検討が課題として挙げられている。「刑期満了者に対する指導・支援等の仕組みについて、刑事責任を果たし終えた者の自由を制約できるかという問題があることも踏まえつつ、更生保護分野だけでなく、広く関係機関において検討する必要がある。なお、自立更生促進センター(仮称)構想は、この課題に対しても、一定の意義のある取組であると考える」などと提言された。

自立更生促進センター(仮称)構想は刑期満了者に対する指導・支援等の仕組みの整備という課題に対しても一定の意義のある取り組みであると考えるとされている点が特筆されよう。刑期満了者に対する新たな制度の検討は政府も望むところであった。満期釈放者に対する支援についても積極的に取り組むべきではないか。更生保護法案の国会審議における議員質問に対する政府参考人の答弁は「満期釈放者について、釈放後の就労の確保が円滑な社会復帰のために極めて重要であるということは御指摘のとおりだと存じます」などというものであった。

二十一世紀に入っても日本の更生保護制度は対象者を拡大する歩みを続けている。ルビコン川を渡りつつあるといってもよい。戦後の更生保護制度の出発にあたって政府は国会答弁などで戦後の保護観察制度では満期釈放後の保護観察が認められない点を戦前の治安維持法下の思想犯保護観察制度との違いとして挙げていた。このルビコン川をも渡ろうとしているのが今の状況である。

転向しない満期釈放者の身柄を場合によっては死ぬまで拘束する予防拘禁の制度が一九四一(昭和十六)年の改正で治安維持法に導入された。転向した者についてもその言動を監視し、「善良な臣民」に改造するための思想犯保護観察の制度が思想犯保護観察法の制定により新設されることになった。戦後、これらの制度はいったん廃止されたが、予防拘禁制度は保安処分という形で刑法全面改正作業の中で復活し、その一部は医療観察法により強制入院制度として実現されることになった。保護観察制度も少年に対する保護処分として復活し、対象を大人にも広げ、今や満期釈放者に対する保護観察も検討されるに至っている。このような中で犯罪の意味も大きく変質し、既遂犯から未遂犯へ、そして予備・陰謀罪からついには共謀罪へと犯罪の軸足が移動しつつある。刑罰と保安処分の一体的運用も強調されている。

第五章　共謀罪——平成の治安維持法

1　四度目の正直

戦後における共謀共同正犯の拡大適用

二人以上の者が、特定の犯罪を行うため、共同意思の下に一体となって互いに他人の行為を利用し、各自の意思を実行に移すことを内容とする謀議をなし、よって犯罪を実行したという事実が認められれば、謀議に参加しただけで実行行為を直接分担しなかった者についても刑法第六〇条の共同正犯の責任を問うことができる。このような共謀共同正犯の考え方を旧刑法および現行刑法の立法者は否定していた。明文規定がない限り認められないとしていた。しかし、大審院は刑法第六〇条の解釈としてこれを詐欺罪などの知能犯に限って認めることとした。その後、治安維持法違反事件にかかわって強盗罪や窃盗罪の粗暴犯についてもこれを認めるに至った。

学説では解釈によって共謀共同正犯を認めることは罪刑法定主義に違反するとの見解が戦後、有力となった。しかし、最高裁はこの批判に耳を傾けることなく、練馬事件（一九五一年十二月に東京都練馬区で発生した警察官を標的とした傷害致死事件）の大法廷判決などにより、共謀共同正犯の考え方を継承するだけではなくその適用対象に限定を付さないこととした。すべての犯罪について共謀共同正犯が原則として認められることになった。学説でも共謀共同正犯を認める見解がその後、支配的となった。

過去三回は廃案

判例の共謀共同正犯によっても、いまだ実行行為に出ていない段階では、予備罪や準備罪、あるいは陰謀罪や共謀罪では格別、共謀自体について刑事責任を問うことはできなかった。そこで治安当局により予備罪や準備罪、あるいは陰謀罪や共謀罪の創設による処罰の確保が目指されることになった。多くの処罰規定が設けられることになった。

政府はそれでも共謀罪の整備は不十分だとして多くの犯罪についてその共謀を処罰し得るようにするための包括的な共謀罪を創設しようと試みた。第一回目は二〇〇三年のことで、「犯罪の国際化及び組織化に対処するための刑法等の一部を改正する法律案」が同年三月十一日、国会に内閣提出法案として提出された。「国際的な組織犯罪の防止に関する国際連合条約」(パレルモ条約)の締結に伴い、組織的な犯罪の共謀等の行為についての処罰規定、犯罪収益規制に関する規定その他所要の規定を整備する必要があるというのが改正の理由とされた。

第二回目は二〇〇四年のことで、「犯罪の国際化及び組織化並びに情報処理の高度化に対処するための刑法等の一部を改正する法律案」という形で同年二月二十日に内閣提出法案として国会に提出された。パレルモ条約の締結に伴い、組織的な犯罪の共謀等の行為についての処罰規定、犯罪収益規制に関する規定などを整備することも目的の一つとされた。組織的な犯罪の共謀等の行為についての処罰規定の部分などは前の法案と同様であった。

第三回目は二〇〇五年のことで、「犯罪の国際化及び組織化並びに情報処理の高度化に対処するための刑法等の一部を改正する法律案」が同年十月四日、国会に内閣提出法案として再提出された。しかし、これも実質審議に入れずに継続審議になった。与党は二〇〇六年四月に修正案を、そして五月に再修正案を国会に提出した。しかし、この再修正案でも対象犯罪が六〇〇にも及び、結果加重犯(重い結果が発生した場合に加重処罰する)のようにおよそ対象犯罪となり得ないものも含まれていたことなどから厳しい批判が鎮まることはなかった。

立法趣旨についても新たな疑惑が浮上することになった。政府は共謀罪の新設は二〇〇〇年に国連が採択したパレルモ条約を批准するためのもので、同条約を批准するためには共謀罪の新設は不可欠であると説明してきた。しかし、国連薬物犯罪事務所が作成した同条約を実施するための「立法ガイド」によると「共謀または犯罪の結社の概念のいずれかについてはその概念の導入を求めなくても、組織的な犯罪集団に対する効果的な措置をとることを可能とする」と規定されていた。そこから法案反対派は「共謀罪や参加罪を作らないまま条約を批准することはできる」と政府を改めて批判した。各界からの批判はおさまらず、二〇〇九年七月の衆議院解散により三度目の廃案になった。

「テロ等準備罪」に呼称変更して再提出

共謀罪を創設する動きは沈静化するかに見えたが、そうではなかった。政府はあらゆる機会をとらえて共謀罪の創設を図ろうとした。二〇一三年に制定・公布された「特定秘密の保護に関する法律」でも二つの共謀罪が規定された。

二〇一五年のパリのテロ事件などを契機に包括的な共謀罪の創設の必要性が再び為政者の口に上り始めた。そして、二〇一六年七月の参議院選挙が与党の圧勝の下に終わったことから、政府は再び共謀罪を創設するための法案の取りまとめ作業に入った。今回は組織犯罪処罰法を一部改正して共謀罪規定を盛り込むという形をとることとされた。改正法案は二〇一七年三月二十一日に閣議決定され、即日、国会に提出された。国際社会の一員として、テロを含む組織犯罪を未然に防止し、これと戦うための枠組みであるパレルモ条約(TOC条約)を締結して、国民の生命・安全を守るためというのが改正理由とされた。従前の国際連合条約の批准のための法整備に加えて、二〇二〇年の東京オリンピック・パラリンピックのためのテロ対策も改正の理由とされた。共謀罪という呼称も「テロ等準備罪」という呼称に変更された。「テロ等準備罪」についての規定は次のようなものであった。

第六条の二　次の各号に掲げる罪に当たる行為で、テロリズム集団その他の組織的犯罪集団(団体のうち、その結合関係の基礎としての共同の目的が別表第三に掲げる罪を実行することにあるものをいう。次項において同じ。)の団体の活動として、当該行為を実行するための組織により行われるものの遂行を二人以上で計画した者は、その計画をした者のいずれかによりその計画に基づき資金又は物品の手配、関係場所の下見その他の計画をした犯罪を実行するための準備行為が行われたときは、当該各号に定める刑に処する。ただし、実行に着手する前に自首した者は、その刑を減軽し、又は免除する。

一　別表第四に掲げる罪のうち、死刑又は無期若しくは長期十年を超える懲役若しくは禁錮の刑が定められているもの　五年以下の懲役又は禁錮

二　別表第四に掲げる罪のうち、長期四年以上十年以下の懲役又は禁錮の刑が定められているもの　二年以下の懲役又は禁錮

2　前項各号に掲げる罪に当たる行為で、テロリズム集団その他の組織的犯罪集団に不正権益を得させ、又はテロリズム集団その他の組織的犯罪集団の不正権益を維持し、若しくは拡大する目的で行われるものの遂行を二人以上で計画した者も、その計画をした者のいずれかによりその計画に基づき資金又は物品の手配、関係場所の下見その他の計画をした犯罪を実行するための準備行為が行われたときは、同項と同様とする。

共謀罪と異なる「テロ等準備罪」の政府説明

今回の「テロ等準備罪」は三度も廃案となった共謀罪とは異なるとして政府は次のように説明した。

かつて政府が提出した法案における「組織的な犯罪の共謀罪」に対して、国会の審議等では

正当な活動を行う団体も対象となるのではないか、内心が処罰されることになるのではないかなどといった不安や懸念が示された。このような不安や懸念を踏まえて検討した結果、今回提出した法案のテロ等準備罪では、①犯罪の主体を組織的犯罪集団に限定することを明文で規定し、②対象犯罪を限定的に列挙して範囲を明確にし、③計画行為に加えて実行準備行為が行われたときに初めて処罰されることとしている。これらの三点が「組織的な犯罪の共謀罪」との主要な違いである。このように犯罪の主体を組織的犯罪集団に限定することにより、一般の会社や市民団体、労働組合、サークルや同好会などの正当な活動を行っている団体が適用対象とならないことを一層明確にした。また、犯罪の計画をしただけでは処罰されず、実行準備行為が行われて初めて処罰するとしたことにより、内心を処罰するものではないことも一層明確になった。対象犯罪を限定的に列挙することで処罰範囲が明確になった。

安倍晋三首相も国会で「テロ等準備罪は、テロ等の実行の準備行為があって初めて処罰の対象となるものであり、これを共謀罪と呼ぶのは全くの誤りであります」と繰り返し答弁した。しかし、このような政府の説明に対しては「テロ等準備罪」は共謀罪の蒸し返しに過ぎないのではないかという疑問の声が強かった。

二〇〇五年の政府提出法案では確かに「次の各号に掲げる罪に当たる行為で、団体の活動として、当該行為を実行するための組織により行われるものの遂行を共謀した者は」（第六条の二）と規定されていた。しかし、二〇〇六年に国会に提出された与党再修正案では「次の各号に掲げる罪に当たる行為で、組織的な犯罪集団の活動（組織的な犯罪集団（団体のうち、その共同の目的がこれらの罪又は別表第一（第一号を除く。）に掲げる罪を実行することにある団体をいう。）の意思決定に基づく行為であって、当該行為を実行するための組織により行われるものの遂行を共謀した者は、その共謀をした者のいずれかにより共謀に係る犯罪の実行に必要な準備その他の行為が行われた場合において」というように修正されていた。

問題はこの新たに追加された「組織的な犯罪集団の活動」の定義が「その共同の目的がこれらの罪又は別表第一（第一号を除く。）に掲げる罪を実行することにある団体の意思決定に基づく行為であって、その効果又はこれによる利益が当該組織的な犯罪集団に帰属するものをいう」とされていたことで、これでは実質的な限定になっていないという批判が強かった。それは新たに追加された「共謀に係る犯罪の実行に必要な準備その他の行為」要件についても同様であった。拡大解釈の余地を残していると批判された。

しかし、今回の「テロ等準備罪」ではこの再修正案の規定がほぼ踏襲されている。にもかかわらず、政府は処罰範囲が明確になったと強弁した。疑問の声が沸き上がったのも当然といえよう。

二転三転する政府答弁

曖昧で、しかも二転三転しているのも「テロ等準備罪」についての政府答弁の特徴であった。パレルモ条約は二〇〇一年九月のアメリカ同時多発テロ事件よりも前にできた条約でマフィア対策を内容としており、中心的な標的は組織的な経済犯罪である。テロ対策を内容とする一連の条約や国連決議とは国際法上、別の体系をなしている。単独の犯人による無差別殺傷事件や自爆テロ事件は被害がどれだけ甚大なものであってもパレルモ条約の対象とはされていない。その意味でパレルモ条約を批准するために「テロ等準備罪」を規定するということは矛盾ではないかという議員からの質問に対しても合理的な説明はついになかった。

条約交渉当時の日本政府の交渉団が本国に宛てた公電によると、パレルモ条約の起草に当たってはテロ行為を含む対象犯罪をリスト化すべきだというエジプトやトルコの提案に対して、米、英、ドイツ、ベルギー、スペイン、スウェーデン、オランダ、南アフリカ、イタリア、フィンランド、中国、ノルウェー、ポルトガル、マダガスカルなどが反対表明をしており、日本もリスト化には反対で、テロリズムについては他のフォーラムで扱うべきであり、本条約の対象とすべきでないことを主張したと記されている。この点に鑑みても条約批准を「テロ等準備罪」の理由に挙げることはおかしいのではないかという質問に対しても、「国際的な組織犯罪とテロ活動との間には強い関連性があって、TOC条約については起草段階からテロ活動を対象に議論が行われてきたものでありまして、テロを含む国際的な組織犯罪を一層効果的に防止するための枠組みであると、このようにTOC条約については、私どもは承知をしている次第であります」などと事実に反する答弁がなされただけであった。

法務省は、「テロ等準備罪」を設けないと処罰できないケースとして、①テロ集団が殺傷能力の高い化学薬品を製造し、これを用いて同時多発的に一般市民の大量殺人を行うことを計画した上、例えば、殺傷能力の高い化学薬品の原料の一部を入手したケース、②テロ集団が複数の飛行機を乗っ取って高層ビルに突撃させるテロを計画した上、例えば、搭乗予定の航空機の航空券を予約したケース、③テロ集団が分担してウイルス・プログラムを開発し、そのウイルスを用いて全国各地の電力会社、ガス会社、水道会社等の電子制御システムを一斉に誤作動させ、大都市の重要インフラを麻痺させてパニックに陥らせることを計画した上、例えば、コンピュータウイルスの開発を始めたケース、を挙げていた。法務大臣もその旨の答弁をした。そこで議員から、②のケースについても刑法の教科書(元東大総長で日本刑法学会の元理事長が書いた教科書、東京高等裁判所判事および法務省刑事局の検事が書いた教科書その他)を三つ調べてみたが、どの教科書でも航空券の購入は強取等の処罰に関する法律の予備罪が適用されて検挙可能だとなっている。この点、如何かという質問が寄せられた。これに対する政府の答弁は、「予備罪の予備とは、構成要件実現のための客観的な危険性という観点から見て、実質的に重要な意義を持って、客観的に相当の危険性の認められる程度で準備が備えられたことを要するということになっております。そういう観点を考えて対応しなければいけないと、このように考えております」など、意味不明のものであった。「立法事実」についての政府説明でさえもこのようなものであった。

対象犯罪を二七七に絞った理由等についても政府は満足に答えられなかった。そのために議員から、「どの対象犯罪をどれに分類しているか、政府が分類しているかということは、政府が、組織的犯罪集団の関与が現実に想定されるとか、それのみを限定的に規定したなどという説明に直接結び付く基本的な問題です。それを明らかにしたらですよ、大臣、それを明らかにしたら絞り込みの是非が国民的に検証されてしまう、テロ対策とは無縁な合意が広く処罰対象に当たることが明らかになってしまうから、大臣、(対象犯罪の分類表を―引用者)出さないと言っているんじゃないんですか。いや、これとんでもない話ですよ」、「政府が法案提出して審議入りをやるんだと言っている以上、国会と国民にこれ説明するのが当然じゃありませんか」との批判を浴びることになった。

一般人も対象

一般人も「テロ等準備罪」の対象になるのかという議員質問に対して当初は、首相も法務大臣も、ならないと答弁していた。過去の共謀罪法案は捜査当局の拡大解釈によって、一般の市民団体や労働組合も処罰されると批判されたが、今回の法案では単に「団体」としていた処罰対象を「組織的犯罪集団」に改めたので、一般人は捜査、処罰の対象にはならないとの見解を政府は打ち出した。政府側はこの見解からはみ出さないよう強弁を繰り返した。

しかし、「当初は普通の集団でもその後に犯罪集団に一変した場合には当たる」とする法務省文書が国会に出てくると事態は大きく変わり、政府の説明は揺らいだ。野党の追及を受けた法務大臣は早くも法案上程に先立つ二〇一七年二月二日、衆議院予算委員会において、「ただいまの質問ですが、正当な活動を行っていた集団であれば、団体の意思決定に基づいて犯罪行為を反復継続して行うようになるといったような、団体の性質が一変したと認められなければ、組織的犯罪集団と認められることはない、このように考えております」と述べ、一般の団体でも性質が一変した場合には処罰の対象になる可能性があると答弁した。法務副大臣も四月二十一日の衆議院法務委員会で、「今回のテロ等準備罪は三つ要件を厳しくつけておりますので、そういう点で、一般の方が実際の調査の対象になるということも大変限られていると思いますし、ましてや、その次の、刑事訴訟法上の捜査ということになることも限られていると我々は考えているところでございます」と述べ、一般人が捜査対象にならないことはないとした。ただ、七日後の同法務委員会では、政府見解に合わせて答弁を修正し、「組織的犯罪集団に入っている人で何らかの嫌疑が生じる以上、それを一般の人と言うかグレーの人と言うか、その表現をどうするかということでありますけれども、やはり嫌疑があるということは真っ白で何にもない人とは違うのかなということで、一般の人に対して嫌疑がかかることはありませんよ、そういうふうな御答弁をしたつもりでございます」と述べた。

論戦の場が参議院に移ると政府は「組織的犯罪集団」の構成員以外にも処罰対象の範囲が及ぶ可能性に言及するようになった。法務大臣は六月一日に開催の参議院法務委員会で、「組織的犯罪集団の構成員ではないが組織的犯罪集団と関わり合いがある周辺者につきましては、一定の重大な犯罪の遂行に関する計画に加わって一定の重大な犯罪を実行する部隊である組織の一員として関与するなどをした場合には、テロ等準備罪で処罰されることもあり得るものと考えられると申し上げております」とはっきりと認めた。

「準備行為」を新たに付け加えて限定したと政府は答弁していたが、この「準備行為」が構成要件要素か客観的処罰条件かという議員質問に対しても政府の答弁は曖昧なままであった。

機能不全の国会

審議が進むにつれて説明にほころびが生じ、説明内容も変遷した。しかし、政府・与党は法案の根幹部分に疑問を打ち捨てたまま法案成立へと突き進んだ。二〇一七年五月十九日、日本維新の会の修正案を加えた組織犯罪処罰法の一部改正案が衆議院法務委員会で可決され、本会議でも同月二十三日に賛成多数で可決された。四月六日の衆議院本会議で法案の趣旨説明がなされてから僅か一か月半で衆議院を通過したことになる。

参議院の場合はもっと超スピードであった。趣旨説明は二〇一七年五月二十九日の参議院本会議で行われたが、参議院法務委員会で法案が審議中の同年六月十五日、参議院本会議で「法務委員会において審査中の組織的な犯罪の処罰及び犯罪収益の規制等に関する法律等の一部を改正する法律案について、速やかに法務委員長の中間報告を求めることの動議」が提出された。

討論の後、動議は賛成多数で採決され、法務委員長から中間報告が行われることになった。委員長は次のように述べて報告を結んだ。

「これまでの委員会における質疑は、テロ等準備罪による処罰対象の範囲に関する件、組織的犯罪処罰法における団体の定義とテロ等準備罪における組織的犯罪集団の定義の関係、組織的犯罪集団と認定する判断基準と捜査手法の関係、国連人権理事会の特別報告者に対する日本政府の対応、本法律案第六条の二第二項における不正権益の定義、テロ等準備罪の対象犯罪を更に絞り込む必要性など、各般にわたって熱心な論議が行われてまいりました。以上の経過でお分かりのとおり、委員長といたしましては、十分に審査を尽くすべく努力を続けてまいりましたが、遺憾ながら、全会派の協力が得られる状況にはならず、今日に及んでいるのでございます」

この報告を受けて直ちに本会議で審議することの動議が出され、動議は賛成多数で可決された。その後、質疑、討論を経て法案の採決に移り、採決の結果、投票総数二三五票、賛成一六五票、反対七〇票で法案は可決、成立した。参議院での審議期間は僅か半月であった。

国会の機能不全は目を覆うものがあった。帝国議会は治安維持法の「生みの親」で、帝国議会は時代が進むに連れて「戦時議会」「翼賛議会」という様相を強めた。治安維持法の制定および改正に当たっての帝国議会の審議も法案賛成派によるものが専らということになっていった。それでも治安維持法の制定時には議員の忠誠心は政府に対してではなく国民に向かうべきであるとして、政府の曖昧な答弁を徹底的に問いただす志のある与党議員もみられた。しかし、共謀罪の国会審議の場合、このような与党議員は皆無であった。それは日本の三権分立制が危機にあることを浮き彫りにした。

2　無限定な要件

組織的な犯罪集団の団体としての活動

「テロ等準備罪」は共謀罪に対する批判や懸念等を踏まえて要件を厳格にした。法案提出に当たって政府はこのように強調し、国会審議でも同様の答弁を繰り返した。問題は、現実にそうなっているかである。まずは「テロリズム集団その他の組織的犯罪集団の団体の活動として」という要件である。どう解釈・運用されるかである。

「組織的犯罪集団」の解釈・運用で参考となるのは組織犯罪処罰法の運用である。同法第三条第一項は「次の各号に掲げる罪に当たる行為が、団体の活動(団体の意思決定に基づく行為であって、その効果又はこれによる利益が当該団体に帰属するものをいう。以下同じ。）として、当該罪に当たる行為を実行するための組織により行われたときは、その罪を犯した者は、当該各号に定める刑に処する」と規定しており、第六条の二の「テロ等準備罪」とよく似た規定となっているからである。

右の各号の罪のうち実務でよく用いられているのは第一三号の集団的詐欺罪である。この集団的詐欺被告事件について、最高裁の二〇一五年九月十五日の決定は組織的詐欺罪の成立を肯定した原判決は正当であるとして被告側の上告を棄却した。その理由とされたのは次のような点であった。

原判決の認定によれば、被告人（株式会社A（会員制リゾートクラブであるB倶楽部の会員権販売等を共同の目的とする多数人の継続的結合体であって、その目的を実現する行為を組織により反復して行っていた団体）の全株式を実質的に保有し、同社の実質オーナーとして業務全般を統括掌理していた者）はもとより、C（Aの営業部門の統括責任者）を始めとするAの主要な構成員にあっては、遅くとも二〇〇九（平成二十一）年九月上旬の時点で、Aが実質的な破綻状態にあり、集めた預託金等を返還する能力がないことを認識したにもかかわらず、それ以降も、「リゾート会員権の販売等を目的とする会社であって、Cを始めとする役員および従業員(営業員、電話勧誘員ら)によって構成される」組織による営業活動として、B倶楽部の施設利用預託金および施設利用料の名目で金銭を集める行為を継続したというのである。上記時点以降、上記営業活動は、客観的にはすべて「人を欺いて財物を交付」させる行為にあたることとなるから、そのような行為を実行することを目的として成り立っている上記組織は、「詐欺罪に当たる行為を実行するための組織」にあたることになったというべきである。上記組織が、もともとは詐欺罪にあたる行為を実行するための組織でなかったからといって、また、上記組織の中に詐欺行為に加担している認識のない営業員や電話勧誘員がいたからといって、別異に解すべき理由はない。以上のとおり、本件各詐欺行為は、Aという団体の活動として、詐欺罪にあたる行為を実行するための組織により行われたと認めることができる。これと同旨の判断を示して組織的詐欺罪の成立を肯定した原判決は正当である。

同決定によると、会員制リゾートクラブ会社の施設利用預託金および施設利用料を募集する行為も遅くともAが実質的な破綻状態にあり、集めた預託金等を返還する能力がないことを認識した二〇〇九年九月上旬の時点からは「組織的犯罪集団の団体としての活動」にあたると認定されている。ある組織がもともとは詐欺罪を実行するための組織でなかったとしても客観的に詐欺にあたる行為をすることを目的として成り立っている組織となれば同法に該当し、なかに詐欺のことを知らないメンバーがいても関係ないとされているのである。事前の認定や指定がいらないだけでなく、過去に違法行為をなした事実や継続的に存在していたことすらも要件とされていない。適法な活動を目的とする市民団体や労働組合等で過去に犯罪行為、違法行為を行ったことがない団体であっても、ある時点で違法行為を計画したと疑われた場合にはその時点で法の定義する「組織的犯罪集団」となったと解釈され得る。某会社が節税対策をとったところ税務当局によって脱税にあたる行為と認定された場合、同会社が再びとる同様の節税措置は「組織的犯罪集団の団体としての活動」にあたるということになろう。企業法務等に従事するビジネス・ロイヤーらが共謀罪の新設に反対する所以である。企業活動に及ぼす萎縮効果の大きさなどが懸念されている（法学セミナー編集部編『共謀罪批判――改正組織的犯罪処罰法の検討』（日本評論社、二〇一七年）一〇八頁以下などを参照）。

オウム真理教で起こったような「団体の一部が性格を一変させた場合」をも対象としようとするのであれば、一般人も対象にならざるを得ない。これでも政府のいうように「組織的犯罪集団の団体としての活動」要件が限定になっているのであろうか。限定になっていない。

対象犯罪の選別

従前の法案では六〇〇以上あった対象犯罪を二七七にしたが、その理由について政府から満足な回答が得られなかった以上、対象犯罪の削減も限定にならないことは詳述するまでもない。問題はその選別の仕方である。今回の「テロ等準備罪」はパレルモ条約を締結するためのものであると趣旨説明されているにもかかわらず、恣意的で著しい過不足が見られるからである。

行き過ぎは条約によって要求されていない範囲にまで処罰を及ぼそうとしている点である。政府は対象犯罪をテロの実行に関する犯罪(一一〇)、薬物に関する犯罪(二九)、人身に関する搾取犯罪(二八)、その他資金源犯罪(一〇一)、司法妨害に関する犯罪(九)に整理しているが、何故、対象犯罪になるのか、疑問符が付くものは少なくない。文化財保護法の重要文化財の損壊等や史跡名勝天然記念物の滅失等といった文化財関係の罪。強制わいせつ、強姦や児童福祉法の児童淫行、売春防止法の売春をさせる業や資金等の提供、児童買春・ポルノ禁止法の児童買春周旋・勧誘、児童ポルノ等の不特定または多数の者に対する提供等といった性犯罪。競馬法の不正競馬等や、モーターボート競走法の不正モーターボート競走等といった罪。著作権法の著作権等の侵害等や、特許法の特許権等の侵害などといった知的財産権の侵害。所得税法の偽りその他不正の行為による所得税の免脱等や、法人税法の偽りにより法人税を免れる行為等といった脱税関係の罪。オリンピック・パラリンピックや暴力団とも関係のないものが多数含まれている。

このほかにも商品先物取引法の商品市場における取引等に関する風説の流布等、不正競争防止法の営業秘密侵害等や不正競争等、種苗法の育成者権等の侵害、貸金業法の無登録営業等、種の保存法の国内希少野生動植物種の捕獲等、森林法の保安林の区域内における森林窃盗や森林窃盗の贓物の運搬等、廃棄物処理法の無許可廃棄物処理業等も対象犯罪とされている。違法なキノコ狩りも含まれている。刑法や刑事特別法の偽証なども対象犯罪とされている。マフィア対策やテロ対策などとの因果関係は不明である。

不足は対象犯罪とされて然るべき罪が除外されているという点である。企業犯罪に関わって横領や背任は対象犯罪とされているにもかかわらず、業務上横領や特別背任は除外されていることなどが第一である。企業優遇ではないかと批判されている。第二はマフィア対策として重要だと考えられる「公権力の私物化」の類型、例えば刑法の職権濫用、暴行陵虐などが除外されていることである。公職選挙法違反の罪、政治資金規正法違反の罪、政党助成法違反の罪はすべて除外されており、最高裁判所裁判官国民審査法違反の罪も除外されている。第三はマフィア対策として同じく重要だと考えられる「商業賄賂罪」の類型も除外されているということである。株式会社の役員・従業員による収賄罪のほか、金融商品取引法、商品先物取引法、投資信託・投資法人法、医薬品・医療機器法、労働安全衛生法、貸金業法、資産流動化法、仲裁法、一般社団・財団法人法における収賄罪もすべて除外されている。これらはパレルモ条約が中心的な対象犯罪としていたものである。

脱税の罪についても選別が恣意的ではないかという批判が向けられている。所得税法、法人税法、消費税法などの一般的な法律に対する違反が対象犯罪に含まれているにもかかわらず、たばこ税法、石油石炭税法、石油ガス税法、航空機燃料税法、揮発油税法の違反など、組織的にしか行い得ないような類型が除外されているからである。

対象犯罪の標的とされているのは政治家、高級公務員や特別公務員、大企業というよりは、一般の国民・市民などだといってよい。

当該行為を実行するための組織により行われるものの遂行を二人以上で計画

次の問題は「当該行為を実行するための組織により行われるものの遂行を二人以上で計画」という要件が限定になっているかどうかである。「組織により」というのは行為者の主観的な要件で、「組織により行われるもの」というのは客観的には何ら限定になっていないために「二人以上で計画」という概念がポイントとなる。しかし、これも限定どころか拡大適用・運用される危険性が高い。「二人以上で計画」というのは「共謀」を言い換えたに過ぎないが、この「共謀」概念を判例は幾重にも緩やかに解釈しているからである。共謀は対象となる犯罪が確実に実現するだろうという見込みをもってなされることを要せず、実現するかもしれないし、しないかもしれないという程度の認識(未必の故意)でも足りるとされている点が第一である。例えば最高裁の二〇〇七年十一月十四日の決定は、廃棄物処理法違反の罪について未必の故意による共謀共同正犯を認めているからである。共謀罪についてもこの理解が踏襲されることになろう。

「共謀」概念の緩やかな解釈の第二は、練馬事件に関する大法廷判決によると「共謀の判示は、謀議の行われた日時、場所またはその内容の詳細、すなわち実行の方法、各人の行為の分担役割等についてまで、いちいち具体的に判示することを要しない」とされているという点である。法務省刑事局長は「テロ等準備罪」の国会審議において当初、計画した日時や場所、方法などについてできる限り特定する必要があると説明し、逮捕や起訴のハードルが過去の法案よりも高いことを強調し、計画内容も指揮命令や分担なども含めて合意が必要と述べていたが、その後、計画内容の具体性について犯行の日時、役割の詳細まで定まっている必要はないとこれまでとは異なる答弁をしたのも右の判例を踏まえてのことといえる。もちろん、そのことは捜査機関が計画と判断できる範囲が限定されず、計画に基づく準備行為の範囲も広がることを意味する。

緩やかな解釈の第三は、判例によると共謀は参加者全員が同一場所に集まって行う必要はないとされている点である。右の大法廷判決によると、「同一の犯罪について、数人の間の順次共謀が行われた場合は、これらの者のすべての間に当該犯行の共謀が行われたものと解するを相当とし、数人の間に共謀共同正犯が成立するためには、その数人が同一場所に会し、その数人の間に一個の共謀の成立することを必要とするものではない」とされているからである。最高裁の二〇〇四年四月二十日の決定も妻が夫の保険金殺人を計画し、妻が実行を他の者に依頼し、その者から関与者が次々と増えていった事案について全員を殺人罪の共謀共同正犯に問擬している。甲から乙、乙から丙、丙から丁という形の共謀も認められているのである。

緩やかな解釈の第四は、判例によると現場共謀も認められ、共謀は犯行現場においてなされる場合でも成立するとされている点である。例えば集団による暴行の場合、現場で状況を傍観していた者も実務では現場において暴行の共謀が成立していたとして暴行罪の共謀共同正犯に問われるからである(東京高裁一九八〇年一月三十日判決、同一九八二年三月八日判決などを参照)。この現場共謀も「テロ等準備罪」に援用されることになろう。事前に共謀がなかったとしても現場で「実行準備行為」を傍観していた者も、その傍観により「実行準備行為」を行った者との間に共謀が成立していると認定され得るのである。

緩やかな解釈の第五は、判例によると黙示の共謀も認められているという点である。最高裁の二〇〇三年五月一日の決定は銃刀法違反(けん銃不法所持)の事案について概要、次のように判示しているからである。

被告人(暴力団組長)は、C(組員)らに対してけん銃等を携行して警護するように直接指示を下さなくても、Cらが自発的に被告人を警護するために本件けん銃等を所持していることを確定的に認識しながら、それを当然のこととして受け入れて認容していたものであり、そのことをCらも承知していたことは、前記……で述べたとおりである。前記の事実関係によれば、被告人とCらとの間にけん銃等の所持につき黙示的に意思の連絡があったといえる。そして、Cらは被告人の警護のために本件けん銃等を所持しながら終始被告人の近辺にいて被告人と行動を共にしていたものであり、彼らを指揮命令する権限を有する被告人の地位と彼らによって警護を受けるという被告人の立場を併せ考えれば、実質的には、正に被告人がCらに本件けん銃等を所持させていたと評し得るのである。したがって、被告人には本件けん銃等の所持について、C、G、E、MおよびHら五名等との間に共謀共同正犯が成立するとした第一審判決を維持した原判決の判断は、正当である。

この黙示の共謀も「テロ等準備罪」に援用されることになろう。このように「共謀」(法文では「計画」)概念は緩やかなのである。濫用の危険性は相当のものがある。現に札幌地裁の二〇一六年十一月十日の判決は危険運転の「黙示の共謀」が認められるとして被告人二人に対し危険運転致死傷罪の共同正犯として共に懲役二三年の実刑判決を言い渡している。

他方で、テロ対策として重要だと思われる単独の自爆犯などについてはこの「共謀(計画)」の要件のために「テロ等準備罪」は適用し得ない。単独犯によるテロはすべて対象外とされている。そもそも今回の組織犯罪処罰法の一部改正では「テロリズム集団その他の組織的犯罪集団」という文言が挿入されているだけで、テロ用に設けられた条文はただの一か条も存在しない。「テロ等準備罪」と呼称されているにもかかわらず、不思議なことにテロ対策立法の内実を有していない。テロ対策だというのであればテロリズムに該当する殺傷行為や破壊行為とテロリズムに該当しない殺傷行為や破壊行為との間に区別が設けられて然るべきだと思われるが、そのような区別は今回の一部改正法ではどこにも見当たらない。

実行準備行為

今回の立法にあたって新たに付け加えられたとされる「実行準備行為」の要件も無限定である。法文では「資金又は物品の手配、関係場所の下見その他の計画をした犯罪を実行するための準備行為」と規定されており、「実行準備行為」の例として「資金又は物品の手配、関係場所の下見その他」が掲げられている。二〇一七年四月二十八日の衆議院法務委員会で法務大臣は「例えば花見であればビールや弁当を持っているのに対して、下見であれば地図や双眼鏡、メモ帳などを持っているというような外形的な事情というのはあり得るわけですね」と答弁して議員の失笑を招いたが、行為それ自体によって客観的に「実行準備行為」に該当するかどうかの判別をすることはほとんど不可能といえる。「資金又は物品の手配、関係場所の下見その他」は誰もが日常的に行っている、それ自体としては危険のない行為で、どのような行為でも「実行準備行為」に該当し得るからである。「共謀」に参加したと疑いをもたれた者が実際には生活費のためＡＴＭで現金を払い戻しただけでも、犯罪実現のための資金の「準備行為」と判断される危険性は払拭されない。新幹線に乗ってある場所に行くことが犯罪の準備行為かどうかを客観的に判別することは不可能で、判別するためには行為者の内心の「目的」を俎上に挙げなければならない。内心そのものが処罰されるわけではないが、あらゆる行為が「実行準備行為」に該当し得るとなると「目的」という行為者の内心の部分だけが実質的には処罰根拠ということになる。準備行為は集団でなされる必要はない。一人でなされてもよい。

現行の起訴独占および起訴裁量制度の下ではこの主観的な判断を捜査官がもっぱら行うことになるが、問題は捜査官がこの主観的な判断を行うにあたって「資金又は物品の手配、関係場所の下見その他」を行った者およびその家族・友人その他の関係者についての詳細な個人情報が必要となるという点である。例えばどのような思想・信条の人か。どのような社会的活動を行ってきた人か。どのような人たちと付き合っている人か。どのような社会集団に属している人か。これらの個人情報が「実行準備行為」に該当すると判断するためだけではなく、該当しないと判断するためにも必要となる。警察の情報収集活動の飛躍的拡大にお墨付きを与えることになる反面、著しいプライバシー侵害の危険性などを内包することになる。

「実行準備行為」が構成要件要素か客観的処罰条件かということが国会審議では話題にされたが、かりに構成要件要素と位置づけたとしても処罰範囲を限定したことにはならない。何らかの「実行準備行為」を誰かがする可能性を認識している場合でなければそもそも「テロ等準備罪」は成立しないからである。

3　懸念される拡大適用

京都学連事件の教訓

治安維持法を初めて適用したのが京都学連事件であった。司法省が京都学連事件にどんなに熱心に精力を注いだかは一九二五(大正十四)年十二月十六日に林頼三郎司法次官、小山松吉検事総長、各控訴院検事長、各地検検事正または首席検事および各府県特高課長によって検討のための秘密会議が司法省でもたれたことからも明らかであろう。司法省は治安維持法本来の目標を追求するというのではなく、学連の中心人物を叩き潰すことによって「左傾」学生運動全体に冷や水を浴びせようと目論んだといわれる。

第一条違反ではなかったということから、京都学連事件は治安維持法適用事件としては先例性に乏しいものにならざるを得なかった。しかし、この初適用が司法省のその後の治安維持法の適用・運用に与えた意義は少なくなかった。学連事件では中央および大阪の思想犯専門の検事や司法事務官が取調べに参加したが、ここに登場する面々は三・一五事件以降に制度化される思想検事のパイオニアであった。彼らにとって京都学連事件は実地研修の意味があった。研修成果はやがて三・一五事件以降の検挙ならびに取調べにおいて十分発揮されることになった。京都学連事件への司法省の対応にみられる「報道統制」はその後の多くの治安維持法事件でも採用されることになった。「報道統制」は記事解禁後のセンセーショナルな事件報道を帰結し、結果として当局の思う壺に嵌まってしまった。司法官僚が京都学連事件を拾い上げ、これに治安維持法違反のレッテルを貼ったことにより、文部省および大学・高専などの学校当局はそれまでも徐々に強化しつつあった学生運動の規制に一層拍車をかけることになったことも特筆される。これを奇貨として政府は河上肇らの学外追放を目論んだからである。

この京都学連事件への治安維持法の初適用から得られる教訓の第一は、治安当局によって事件がでっち上げられることがあるということである。この点は「テロ等準備罪」の適用・運用を考えるにあたっても参考となろう。「テロ等準備罪」はマフィア対策だ、あるいはテロ対策だとされているが、現実にはそうなっていない。「真の立法事実」は隠されているといってよい。「裏の立法事実」と「表の立法事実」との間には大きな乖離が見られる。このような立法の場合、事件のでっち上げがなされる可能性は高いということに警戒が必要であろう。罪刑法定主義、なかでも明確性原則はこのでっち上げに対し歯止めの役割を果たすものであるが、「テロ等準備罪」の要件の無限定性はこの歯止めを奪っている。

報道統制など

「罪となるべき事実」の認定がずさんだという点も教訓となろう。事実から出発してその構成要件該当性を判断するというのではなく、治安維持法の構成要件に該当するという規範的評価が初めにあってそれに符合するような事実が列挙されただけであった。「小事実」を当罰的な規範的評価を織り込んで「特大事実」に膨らませていくという手法が採用された。「テロ等準備罪」の場合、行為者の内心の「目的」が処罰根拠となることから、事実認定の中心は行為者の主観に置かれることになる。この主観を針小棒大に膨らませ、被疑者・被告人らの事件関係者に対し「暴力団関係者」、「テロリスト」、「社会の敵」といったレッテルを貼ることによってこの主観についても規範的評価が先行することにならないかが懸念される。

京都学連事件の場合、事件のでっち上げ、あるいはラベリングのために治安当局によってマスメディアが最大限に利用された。当初は報道を禁止し、解禁後は治安当局のストーリーに沿った形でセンセーショナルに報道させる。このような手法が用いられた。「テロ等準備罪」の適用・運用にあたっても国家による「報道統制」が再現されないかが危惧される。国際NGO「国境なき記者団」は二〇一七年四月、同年の「報道の自由度ランキング」を発表した。日本は評価対象の全一八〇か国・地域のうち七二位にランクされた。先進七か国(G7)では最下位になった。調査では日本の報道について大手メディアの自主規制や記者クラブ制度によってジャーナリストが権力監視の役割を果たせていないこと、特定秘密保護法について国連から疑問視されたにもかかわらず政権は議論を拒み続けていることなどが指摘された。このような日本のメディアの状況の下では報道統制の再現は杞憂とは決していえない。

萎縮という点も教訓となろう。京都学連事件は大学人などに自己規制をもたらし、治安維持法の拡大適用、そして改正に対する大学人の批判の声はどんどん小さくなっていったからである。「テロ等準備罪」についても「この法律は、少しずつ内心の自由とか、表現の自由に影響を与える、遅効性の毒みたいな影響を与えることが懸念される」(ジャーナリストの江川紹子)など、同様の懸念が表明されている。

運用は警察・検察の裁量

治安維持法の解釈・運用は思想検事が牽引した。捜査官の思うままに適用されたといってよかった。帝国議会で政府は、検察官は適切な法解釈・運用に努め、裁判所がそれをチェックするから濫用の恐れはないと答弁した。しかし、逸脱解釈・逸脱適用されて取締り対象は幾何級数的に拡大していった。普通の国民の普段の生活も治安維持法違反で問擬されることになった。裁判所はこの逸脱解釈・逸脱適用を追認するだけであった。捜査官の暴走を食いとめるシステムは存在しなかった。予審判事制度も形骸化していた。この点も教訓となろう。検察官司法は戦前よりも戦後の方がはるかに強化されているからである。この強化された検察官司法の下で、「テロ等準備罪」の解釈・運用は捜査官の裁量にもっぱら任されることになる。しかし、治安維持法の解釈・運用の場合と同じく、この裁量が濫用に陥るのを阻止するシステムを私たちは設けていないのである。「テロ等準備罪」が創設された以上、濫用を防止するためのシステムを導入することは喫緊の課題だといえよう。

通信傍受の対象の拡大

「テロ等準備罪」の適用・運用のために必要な個人情報の収集で威力を発揮するのは通信傍受である。この通信傍受については通信傍受法(平成十一年法律第一三七号)が規定するところである。通信傍受法は通信傍受による捜査が許容される対象犯罪として、①薬物関連犯罪、②銃器関連犯罪、③集団密航、④組織的な殺人、を掲げていた。しかし、二〇一六年五月二十四日に成立した「刑事訴訟法等の一部を改正する法律」は取調べの録音・録画制度、合意制度、刑事免責制度の導入と並んで、通信傍受が許される対象犯罪を著しく拡大した。組織性が疑われる爆発物使用、殺人、傷害、放火、誘拐、逮捕監禁、詐欺、窃盗、児童ポルノの九類型が追加された。また、これまで通信傍受に必要だったNTTなど通信事業者の立ち会いも不要になり、警察施設など捜査機関内で傍受することも可能になった。

問題は「テロ等準備罪」についての通信傍受である。おそらくは「テロ等準備罪」の運用の実効性を確保するという名目で、通信傍受法の改正による対象犯罪の「テロ等準備罪」への拡大という道が選択されることになろう。そのための政府による立法提案が早晩、浮上するものと思われる。「テロ等準備罪」の有罪立証にとどまらずに国民監視に猛威を発揮することは必至であろう。にもかかわらず、「共謀罪」が設けられると通信や室内会話の盗聴、スパイによる情報取得などの捜査権限が拡大され、国民生活が広く監視される社会になってしまうのではないかという疑問に対しても、「組織的な犯罪の共謀罪」には厳格な要件が付されているので国民の一般的な社会生活上の行為が本罪に当たることはあり得ないという以上の解答は政府からは示されていない。

ＧＰＳ捜査

ＧＰＳ捜査とは車両に使用者らの承諾なく秘かにＧＰＳ端末を取り付けて位置情報を検索し、把握する刑事手続上の捜査をいう。被告人が複数の共犯者と共に犯したと疑われていた窃盗事件に関し、組織性の有無、程度や組織内における被告人の役割を含む犯行の全容を解明するための捜査の一環として、二〇一三年五月二十三日頃から同年十二月四日頃までの約六か月半の間、被告人、共犯者のほか、被告人の知人女性も使用する蓋然性があった自動車等合計一九台に、同人らの承諾なく、かつ、令状を取得することなく、ＧＰＳ端末を取り付けた上、その所在を検索して移動状況を把握するという方法によりＧＰＳ捜査が実施された事案について、最高裁の二〇一七年三月十五日の大法廷判決は概要、次のように判示した。

ＧＰＳ捜査について刑訴法第一九七条第一項但書の「この法律に特別の定のある場合」に当たるとして同法が規定する令状を発付することには疑義がある。ＧＰＳ捜査が今後も広く用いられ得る有力な捜査手法であるとすれば、その特質に着目して憲法、刑訴法の諸原則に適合する立法的な措置が講じられることが望ましい。以上と異なる原判断は憲法および刑訴法の解釈適用を誤っており、是認できない。

同大法廷判決を受けて政府によりGPS捜査を合法化するための立法措置が講じられることになろう。「テロ等準備罪」の適用・運用には対象者およびその周辺の個人情報の入手が不可欠だからである。最高裁はGPS捜査は違法だとしたものの、その立法化にお墨付きを与えたといってよい。のみならず、「テロ等準備罪」の捜査のためと称して、新たな立法により、通信傍受の範囲の拡大やGPS捜査の導入にとどまらず会話傍受、更には行政盗聴まで認めるべきだとの議論が浮上するおそれもある。

このような捜査手法が合法化されると市民団体や労働組合等の活動が警察によって日常的に監視され、「行き過ぎた」行動が「テロ等準備罪」に該当するとして立件されるおそれが強まる。表現の自由に対して萎縮効果を生じさせるおそれも高い。もしもイスラム系の人と日本で結婚することになったら、それだけで将来、監視の対象になるかもしれない。それも杞憂では決してない。二〇一〇年十月二十八日頃、警視庁公安部が国際テロ犯罪の捜査と称して行ってきたイスラム教徒捜査の記録ファイル一一四点がインターネット上に公開拡散されたが、記録ファイルには犯罪の実行はもちろん、嫌疑もないのにムスリムというだけで捜査対象となった個人の氏名、住所、写真、取引先、交友関係が詳細に記録されていたからである。

４　危機にある日本

監視社会

「テロ等準備罪」の適用・運用のためには関係者の膨大な個人情報の収集が必要不可欠となる。この個人情報などに基づいて対象者の言動が「テロ等準備罪」の各要件に該当するかが捜査当局によって判断されることになるからである。どのような情報収集活動が行われることになるのか。警察の市民運動などへの監視や情報収集はかねてから繰り返されているが、「テロ等準備罪」の国会審議でも取り上げられた大垣警察市民監視事件はこの点で示唆に富むといえよう。

大垣警察市民監視事件というのは、中部電力の子会社が二〇〇五年頃から岐阜県大垣市上石津町と不破郡関ケ原町に連なる山の尾根に巨大な風力発電施設を建設する計画を進めていたので環境破壊や風力発電によって発生する健康被害等に不安を感じた地元住民が勉強会や相談会を行っていたところ、大垣警察署が参加者の動向を監視し、勉強会を開いた地元住民二人と脱原発活動や平和活動をしていた大垣市民二人の氏名、学歴、職歴、病歴などの個人情報のほか、地域の様々な運動の中心的役割を担っている法律事務所に関する情報を事業者に提供し、反対運動が起きるかもしれないなどと注意を喚起していたことが発覚した事件である。これは警察による市民監視で、問題の本質は警察が市民運動を違法視していることにあった。

二〇一四年七月二十四日付朝日新聞は「県警、反対住民の情報漏洩」との見出しのもと、「岐阜県大垣市での風力発電施設建設をめぐり、同県警大垣署が事業者の中部電力子会社「シーテック」(名古屋市)に、反対住民の過去の活動や関係のない市民運動家、法律事務所の実名を挙げ、連携を警戒するよう助言したうえ、学歴または病歴、年齢など計6人の個人情報を漏らしていた」と報じた。

監視対象となった当事者からの公開質問状や抗議・要求書に対して岐阜県警は「大垣警察署員の行為は、公共の安全と秩序の維持に当たるという責務を果たす上で、通常行っている警察業務の一環であると判断いたしました」と主張した。そこで個人情報を流された住民らは、二〇一六年十二月、表現の自由を公権力に干渉されたとして大垣警察署員の行為の違憲性、違法性を問う国家賠償請求訴訟を提起した。裁判は現在も続いている。

問題は警察が市民監視で得られた情報を「テロ等準備罪」の捜査に活かすことを否定していない点である。二〇一七年五月三十日の参議院法務委員会において、議員から「監視社会につながるのではないか、個人の、市民社会の監視、情報収集という名で監視が行われているわけです。それは行為も結果も生じる前の段階で処罰をしようという共謀罪の証拠集めにも有効な手段として十分使われ得るものだと私は思います。監視社会につながり得るという多くの国民の不安はやっぱり正しいんじゃないでしょうか」、「犯罪捜査のためだから許される、逆です。刑罰という最も重い権力が関与する場面では、なおさらこうした捜査、調査、情報収集活動、慎重であることが求められます」と危惧が表明された。これに対し、政府参考人（警察庁長官官房審議官）から「警察におきましては、公共の安全と秩序の維持という警察法第二条で定められた責務を達成するため、必要な範囲で様々な情報収集を行っております。また、そうした情報収集をする中で犯罪の具体的な嫌疑が生ずれば、刑事訴訟法に基づいて捜査がなされることにはなります」と答弁されているからである。

「テロ等準備罪」を盾に警察などによる市民監視が一段と強まることは確実だといえよう。会話、電話、メール等の情報の収集が問題となろう。警備公安警察による違法な市民監視の例としてはそのほか、先に触れたイスラム教徒監視事件（二〇一〇年）をはじめ、大分県別府警察署による盗撮事件（二〇一六年）、名古屋市マンション建設反対運動弾圧事件（二〇一六年）などが報じられている。

国民による相互監視

共謀罪が施行されると一番恐いのは政府による国民の監視ではなく、一般の国民同士がお互いの行動や思想を監視しあうことだ。このような指摘も見られる。警察などによる国民監視のほか、国民による相互監視についても警戒を怠ることはできない。日本型「刑罰国家」の刑事政策の下支えとするべく各地の自治体で「安全・安心まちづくり条例」の制定が相次いでいる。国民の防犯義務を前面に打ち出しているというのがこれまでと異なる点である。

東京都でも「東京都安全・安心まちづくり条例」(平成十五年条例第一一四号)が制定された。「安全安心まちづくり」をもって「都民、地域の団体、ボランティア及び事業者による犯罪及び事故の防止のための自主的な活動の推進並びに犯罪及び事故の防止に配慮した環境の整備をいう」と定義したうえで、「安全安心まちづくりは、都並びに特別区及び市町村並びに都民等の連携及び協力の下に推進されなければならない」(第二条)との基本理念に基づいて、都民の責務として「都民は、安全安心まちづくりについて理解を深め、自ら安全の確保に努めるとともに、安全安心まちづくりを推進するよう努めるものとする」、「都民は、都がこの条例に基づき実施する安全安心まちづくりに関する施策に協力するよう努めるものとする」(第四条)と規定されている。

この国民の防犯義務は新自由主義の自己決定・自己責任の原則を刑事政策の領域でも貫徹しようとするものといえる。もちろん、この国民の防犯活動は警察などの指導・監督の下に実施されることになる。得られた情報も警察等に提供することが求められる。「安全安心まちづくり」が消極的な防犯活動にとどまらず、積極的な防犯活動、潜在的犯罪者とその家族等の個人情報の探知等のほか、「相互監視の網作り」にまで拡がっていく可能性は高い。

国民による相互監視の場合、これによるプライバシー侵害は質・量の面で警察等による国民監視の場合をはるかに上回るものがある。しかしそれを抑制する法制度の整備は警察などによる国民監視の場合以上に遅れている。暴走が懸念される。

警察などによる国民監視の進行の他方で、政府・官庁の隠蔽体質が俎上に挙げられている。監視されるべきはこのような隠蔽体質であろう。警察などによる国民監視についてもそれを監視するための市民ネットワークの繋がりが求められる。国民監視の対象となった人々の相談窓口の開設なども問題となろう。

分断社会

監視社会というのは別の角度から見ると分断社会だともいえる。監視の前提には「敵味方」という考え方が伏在しているからである。刑事政策の領域でも「敵味方刑法」という考え方が浸透している。「敵味方刑法」というのは、ドイツの刑法学者のギュンター・ヤコブスによる造語である。各国の立法などに見られる、組織犯罪やテロリズムなどへの対策として一定の範囲で犯罪成立時期を早期化したり、刑罰を加重したり、あるいは被疑者・被告人等に対する手続的な権利保障の水準を引き下げたりする現象を指す。通常の「市民刑法」が処罰する側もされる側も同じ市民であることを前提とするのに対し、「敵味方刑法」では対象者が被害者や処罰する側と異質な存在として位置づけられる。そこでは刑法は社会の中の貧困層や民族的少数派、社会的反対派の抑圧のための道具となりかねない。ヤコブスによると少なくともある程度の信頼できる法遵守的態度を示す者は誰でも人格者として扱われる権利を有するが、明らかに法敵対的な態度を示す者（テロリスト等）からはこの権利が剝奪されると説かれる。

「共謀罪」については「敵味方刑法」の典型だとの批判が強い。「敵味方」という考え方は刑事政策の領域以外でも散見される。様々な領域で地歩を固めている。リスペクト・アザーズによる横型の人間関係ではなく、暴力や権力などによる支配―服従の縦型の人間関係が拡がっている。ヘイトスピーチ・デモや相模原障害者施設殺傷事件なども社会の耳目を集めている。都議選候補者の応援演説で飛び出した「こんな人たちに負けるわけにはいかないのです」といった首相発言も「国民の分断」ではないかとして国会で取り上げられた。このような政治、経済、社会における「敵味方」思考の拡がりが「共謀罪」の創設によってさらに加速されないかが懸念される。

ちなみに、二〇一三年六月にアメリカ政府の監視システムを告発し、ロシアに滞在中のアメリカ国家安全保障局（ＮＳＡ）および中央情報局（ＣＩＡ）の元局員、エドワード・スノーデンによって、米国では模範的、愛国的といえるムスリム市民たちが集中的な監視対象になり、調査報道ジャーナリストたちが「国家の脅威」としてリストに上がっていることが明らかになった。国民監視は私たちの安全ではなく、グローバルな支配体制を守るためのもので、すべての個人を潜在的容疑者として見張っているとされる。

権利運動の抑圧

「名護市辺野古の新基地建設や米軍北部訓練場ヘリパッド建設への抗議活動を巡り、威力業務妨害や公務執行妨害・傷害、器物損壊の罪で起訴され、約５カ月勾留が続いている沖縄平和運動センターの山城博治議長（64）について、福岡高裁那覇支部は（3月—引用者）18日午後、地検の抗告を退ける決定をした。山城議長は保釈金を納付し、同日午後7時前までに那覇拘置支所を出る見通し」

二〇一七年三月十八日の琉球新報によるとこのように報じられた。保釈された山城議長は同年六月十五日、ジュネーブの国連人権理事会で演説し、次のように訴えた。

「日米両政府は沖縄の人々の強い反対にもかかわらず、新たな軍事基地を沖縄に建設しようとしています。市民は沖縄の軍事化に反対して毎日抗議活動を行っています。日本政府はその市民を弾圧し、暴力的に排除するために大規模な警察力を沖縄に派遣しました。私は抗議活動の最中、微罪で逮捕され、その後、二回さかのぼって逮捕されました。勾留は五カ月間にも及びました。面談は弁護士以外との接見を一切禁じられ、家族とも会うことを許されませんでした。私は自供と抗議運動からの離脱を迫られました。これらは当局による明らかな人権侵害です。しかし、私も沖縄県民もこのような弾圧に屈しません。私は日本政府が人権侵害をやめ、沖縄の人々の民意を尊重することを求めます」

政府による基地反対運動の弾圧は共謀罪を審議する国会でも取り上げられた。沖縄県選出の糸数慶子議員は二〇一七年三月二十二日の参議院法務委員会において概要、政府を次のように糾した。

「政府は、法案は修正されているので濫用の危険性がないと説明しています。この濫用の危険性が払拭されていないことについてお伺いをしたいと思います。……今、沖縄県民が最も危惧している、市民の異議申立てへの力による封じ込めの意図があるのではないかということについてお伺いをしたいと思います。沖縄の高江では、ヘリパッドの建設に抵抗して市民が座込みをしたことに対し、警察は全国から機動隊を動員し、多数の市民を負傷させ、また抗議行動のリーダーである山城博治さんを始め多くの仲間を逮捕、勾留をいたしました。山城さんは（三月─引用者）十八日に釈放されましたが、勾留は何と昨年の十月十七日の逮捕以来五か月にも上りました。沖縄県民からすれば、政府に抵抗する行為を未然に一網打尽にする意図が今の政府には明らかにあると疑わざるを得ません。このような懸念を払拭できるのでしょうか、大臣にお伺いいたします」

これに対する法務大臣の答弁は「市民運動を行う一般の方々がテロ等準備罪による処罰の対象となることはない」というものであった。しかも、その理由は、「テロ等準備罪につきましては、対象となる団体を組織的犯罪集団に限定をいたしております。組織的犯罪集団は、一定の重大な犯罪等を行うことを構成員の結合関係の基礎としての共同の目的とする集団をいうことから、国内外の犯罪情勢等を考慮すれば、テロリズム集団、暴力団、薬物密売組織などに限られまして、一般の会社や市民団体や労働組合などの正当な活動を行っている団体は適用対象とはなりません。このような適用対象となる団体の限定によりまして、市民運動を行う一般の方々がテロ等準備罪の処罰の対象となることはなく、政府に対する言論が封じられてしまうとの懸念は当たらないものであります」というものであった。

法務大臣がその後、このような見解を撤回し、一般の団体でも性質が一変した場合に処罰の対象になる可能性があると答弁するに至ったことは既にみたところである。政府答弁から見る限り共謀罪が「市民の異議申立てへの力による封じ込め」に用いられないという保証はまったくない。

倉敷民商事件

共謀罪が権利運動の抑圧に用いられるのではないかと危惧する理由は辺野古基地反対運動だけではない。倉敷民商事件もその一つである。事件は次のような経過をたどったからである。

二〇一三年五月、広島国税局は岡山県倉敷市の全国商工団体連合会(全商連)加盟の倉敷民主商工会(倉敷民商)の事務所に対し同商工会の法人会員I(建設会社で後に退会)の社長夫妻の法人税法違反(脱税)容疑と称して家宅捜索に入った。同商工会のI担当の女性事務局員N宅も家宅捜索された。事務所にあったパソコンはすべて差し押さえられた。押収された一六四点の書類中、この建設会社関連のものはごくわずかで大半が容疑と関係のない倉敷民商の会議議事録や会員の名簿、スケジュール表といった組織の内部資料で占められていた。この記録をもとにして国税局は脱税のストーリーを作ってIの社長とその妻に認めさせ、I以外の会員についての税理士法違反の資料とした。社長夫妻は脱税容疑で在宅のまま起訴され、懲役一年六か月の執行猶予付きの有罪判決が確定したが、勾留は一日もされなかった。

翌二〇一四年一月、この種の経済事件とはまったく管轄外のはずの岡山県警公安部がNさんをIの脱税を手助けしたとして法人税法違反幇助(勾留までは共同正犯が被疑事実)で、さらに二月には税理士でないのに会員の税務書類を作成したとして税理士法違反で逮捕し、両罪で起訴した。商工会事務局長のOさんと事務局次長のSさんも税理士法違反で逮捕され、起訴された。脱税事件の「主犯」を単に「幇助」した立場にすぎないNさんが「主犯」が免れた国税局による捜索や勾留を強いられた上に勾留日数も四二八日にも及んだという異常な事件であった。

共謀罪の対象犯罪には法人税法違反も含まれており、共謀罪が新設されたならば、民商の正当な活動が法人税法違反の準備行為として捜査の対象となる恐れが十分にある。このように指摘されている。事実に基づいた警鐘だけに重いものがある。

世界からの強い危機感

共謀罪の制定については国際社会からも強い危惧が寄せられている。特定の国の人権状況などを調査・監視・公表する国連特別報告者で、「プライバシー権」担当のジョセフ・ケナタッチ(マルタ大教授)も、二〇一七年五月十八日付で、共謀罪に関する法案はプライバシー権と表現の自由を制約するおそれがあるとして深刻な懸念を表明する書簡を安倍首相宛てに送付し、国連のウェブページで公表した。書簡のうちプライバシー保護に関する部分は次のようなものであった(国際人権NGOヒューマンライツ・ナウのサイトより)。

「1　現時点の法案の分析によれば、新法に抵触する行為の存在を明らかにするためには監視を増強することになる中にあって、適切なプライバシー保護策を新たに導入する具体的条文や規定が新法やこれに付随する措置にはないと考えられます。

2　公開されている情報の範囲では、監視に対する事前の令状主義を強化することも何ら予定されていないようです。

3　国家安全保障を目的として行われる監視活動の実施を事前に許可するための独立した第

三者機関を法令に基づき設置することも想定されていないようです。このような重要なチェック機関を設立するかどうかは、監視活動を実施する個別の機関の裁量に委ねられることになると思われます。

４　更に、捜査当局や安全保障機関、諜報機関の活動の監督について懸念があります。すなわちこれらの機関の活動が適法であるか、または必要でも相当でもない手段によりプライバシーに関する権利を侵害する程度についての監督です。この懸念の中には、警察がＧＰＳ捜査や電子機器の使用の監視などの捜査のために監視の許可を求めてきた際の裁判所による監督と検証の質という問題が含まれます。

５　嫌疑のかかっている個人の情報を捜索するための令状を警察が求める広範な機会を与えることになることから、新法の適用はプライバシーに関する権利に悪影響を及ぼすことが特に懸念されます。入手した情報によると、日本の裁判所はこれまで極めて容易に令状を発付するようです。二〇一五年に行われた通信傍受令状請求のほとんどが認められたようです（数字によれば、却下された令状請求はわずか三％以下に留まります。）……

要請があれば、国際法秩序と適合するように、日本の現在審議中の法案及びその他の既存の法律を改善するために、日本政府を支援するための専門知識と助言を提供することを慎んでお請け致します」

しかし、日本政府はこの助言を黙殺するどころか逆に抗議した。特別報告者に対する日本政府の反応については一九三〇年代のリットン調査団に対する抗議を彷彿させるものがあるとの声もみられた。日本の満州国建国を認めなかった調査団の報告に異議を唱えて国際連盟を脱退した時とよく似ているというのである。

ジェニファー・クレメント国際ペン会長も二〇一七年六月五日付で次のような会長声明を発表した。

「国際ペンは、いわゆる「共謀罪」という法律を制定しようという日本政府の意図を厳しい目で注視している。同法が成立すれば、日本における表現の自由とプライバシーの権利を脅かすものとなるであろう。私たちは、日本国民の基本的な自由を深く侵害することとなる立法に反対するよう、国会に対し強く求める」

しかし、共謀罪はこれらの国際社会からの強い危惧も無視する形で、しかも中間報告という異常な方法を用いて制定された。これについても世界は直ちに反応した。例えば英国のガーディアン紙は共謀罪が成立した日(二〇一七年六月十五日)の朝刊で直ちに報道している。そのポイントは次のようなものであった。

日本は、市民の自由への脅威にもかかわらず、「野蛮な」対テロ法を制定した。この安倍政権によって制定された法律への批判には、一般の市民を標的にし、政府の政治に反対する草の根の運動を萎縮させるおそれがあるとした国連の専門家の批判も含まれている。日本は、市民の自由を厳しく取り締まるために用いられる可能性があるとの国連の警告にもかかわらず、テロおよびその他の重大な犯罪を犯すための共謀を標的にした、批判の強い法律を制定した。与党の自由民主党とその連立政権パートナーは、国会の外で何千人もの人々が抗議しているにもかかわらず、参議院でこの法律を強行採決した。法案への投票は、広範な世論の反対にあって三度も延期されてきたが、国連の専門家がこの法律には欠陥があると指摘し、この指摘に対し安倍晋三首相が怒りの返答をなした直後に投票が行われた。

この法律を批判する人たちは、この法律が通信傍受の拡大および警察の監視権限の抑制に控えめな裁判所の姿勢と結びつくと、政府の政治に反対する草の根の運動を萎縮させる可能性があると危惧している。

法律の制定を急ぐために、与党は、委員会での投票をすっ飛ばして、直接、参議院本会議の投票にかけるという極めて稀な、争いのある手段をとった。

法律を批判する人たちは、共謀があるかどうかについての情報を収集するためには警察の監視活動を拡大する必要があり、その意味で、この法律は、日本の「思想警察」が第二次世界大戦前および第二次世界大戦中、「国体」を脅かすとして政治的な団体を調査する広範な権限を有したことに比肩すると批判している。

共同通信の先月の世論調査では、法案への賛否は拮抗しており、賛成三九・九％に対して反対が四一・四％であった。

国会議事堂前では、新法は「専制的」だと非難し、日本が「監視社会」に向かうことを阻止すると表明する推定五〇〇〇人もの人々がデモを行った。五十四歳の女性のますやま・みゆきさんは、共同通信に対し、「平和的なデモもテロとみなされて禁止される可能性がある。私たちの表現の自由が脅かされる」と語った。

ガーディアン紙はこのように報じた。世界は日本政府の態度に危機感を感じている。

国民の意欲と能力

恐ろしいのは国家と国民の関係が逆転することである。国民のための国家から国家のための国民に逆転することが予想される。共謀罪が施行されると国家に異議を申し立てることが事実上抑制されるからである。共謀罪が成立していないのに萎縮効果が出始めた。「知りたくない」「私には関係ない」「政府のやることに反対したくない」という人が増えている。治安維持法の制定および改正は政府による事実上のクーデターであったが、共謀罪の場合はいかがであろうか。事実上の憲法改正ではないか。安保法制の場合は憲法第九条を事実上改正するものであったが、共謀罪の場合は基本的人権を根こそぎ否定するという意味で憲法違反の程度は安保法制に勝るとも劣らないものがある。民主主義とその根幹たる思想・信条、表現、評論、学問の自由などが根こそぎ否定されるからである。独裁国家の到来といっても過言ではない。三権分立制度は機能停止に陥っている。

相変わらず共産党対策を名目として全面改正が施された治安維持法は民主主義運動・自由主義運動・反戦運動などの取締りに猛威をふるった。組織犯罪処罰法などに見られる柔軟な法解釈・運用が共謀罪の解釈・運用でも用いられて権利運動の規制に向かった場合、どのような結果を招来するかは治安維持法の例からも明らかであろう。「テロ対策」という表面的な立法事実・立法趣旨の裏に隠された真の狙いに注意しなければならない。治安維持法の制定および拡大がそうであったように共謀罪の創設も安保法制や秘密保護法などとの関連において捉える必要がある。いざ憲法を改定し、今以上に世界中に軍隊を派遣できるようにする時には反対者がもっと広範に出てくるだろう。政府としては、それを徹底的に取り締まる法律が必要になる。その時に共謀罪はその気になればいくらでも使える。そういう風にできている。

戦前と違うのは私たちが武器を持っているということである。日本国憲法の下で反対する権利が保障されている。デモをしたり集会を開いたり本を出したり投書したりできる。憲法は裁判所の違憲立法審査権を保障していて「共謀罪は違憲だ」という訴訟を起こすこともできる。裁判所がどう判断するかは別問題だが、その問題を世に問うことはできる。私たちはそういった武器をもっと十分に活用する必要がある。戦前の反省に基づいて憲法が私たちに保障した武器を「宝の持ち腐れ」にしてはならない。

当時は最も民主主義的だとされたワイマール憲法の下でヒットラーは政権につき、ナチス・ドイツが誕生した。ドイツ国民は民主主義を担う意欲と能力を欠いていたからである。戦後のドイツはこの点を反省し、ドイツ国民における民主主義を担う意欲と能力の涵養に努めた。日本の場合はいかがであろうか。戦後、日本国憲法が制定された。国民は民主主義、平和主義、基本的人権の担い手とされた。問題は私たちがその意欲と能力、そして勇気を有しているかである。今の私たちに一番必要なものもこの意欲と能力、勇気ではないだろうか。

内田博文

1946年大阪府堺市生まれ．京都大学大学院法学研究科修士課程修了．現在，九州大学名誉教授，神戸学院大学法学部教授．専門は刑事法学(人権)，近代刑法史研究．主な単著に『刑法学における歴史研究の意義と方法』(九州大学出版会)，『ハンセン病検証会議の記録』(明石書店)，『日本刑法学のあゆみと課題』(日本評論社)，『刑事判例の史的展開』，『自白調書の信用性』，『更生保護の展開と課題』(以上，法律文化社)，『刑法と戦争 —— 戦時治安法制のつくり方』『治安維持法の教訓 —— 権利運動の制限と憲法改正』(以上，みすず書房)など．

治安維持法と共謀罪　　岩波新書(新赤版)1689

2017年12月20日　第1刷発行

著　者　内田博文《うちだひろふみ》

発行者　岡本　厚

発行所　株式会社 岩波書店
〒101-8002 東京都千代田区一ツ橋2-5-5
案内 03-5210-4000　営業部 03-5210-4111
http://www.iwanami.co.jp/

新書編集部 03-5210-4054
http://www.iwanamishinsho.com/

印刷・三陽社　カバー・半七印刷　製本・中永製本

ISBN 978-4-00-431689-3　　Printed in Japan

岩波新書新赤版一〇〇〇点に際して

ひとつの時代が終わったと言われて久しい。だが、その先にいかなる時代を展望するのか、私たちはその輪郭すら描きえていない。二〇世紀から持ち越した課題の多くは、未だ解決の緒を見つけることのできないままであり、二一世紀が新たに招きよせた問題も少なくない。グローバル資本主義の浸透、憎悪の連鎖、暴力の応酬――世界は混沌として深い不安の只中にある。

現代社会においては変化が常態となり、速さと新しさに絶対的な価値が与えられた。消費社会の深化と情報技術の革命は、種々の境界を無くし、人々の生活やコミュニケーションの様式を根底から変容させてきた。ライフスタイルは多様化し、一面では個人の生き方をそれぞれが選びとる時代が始まっている。同時に、新たな格差が生まれ、様々な次元での亀裂や分断が深まっている。社会や歴史に対する意識が揺らぎ、普遍的な理念に対する根本的な懐疑や、現実を変えることへの無力感がひそかに根を張りつつある。そして生きることに誰もが困難を覚える時代が到来している。

しかし、日常生活のそれぞれの場で、自由と民主主義を獲得し実践することを通じて、私たち自身がそうした閉塞を乗り超え、希望の時代の幕開けを告げてゆくことは不可能ではあるまい。そのために、いま求められていること――それは、個と個の間で開かれた対話を積み重ねながら、人間らしく生きることの条件について一人ひとりが粘り強く思考することではないか。その営みの糧となるものが、教養に外ならないと私たちは考える。歴史とは何か、よく生きるとはいかなることか、世界そして人間はどこへ向かうべきなのか――こうした根源的な問いとの格闘が、文化と知の厚みを作り出し、個人と社会を支える基盤としての教養となった。まさにそのような教養への道案内こそ、岩波新書が創刊以来、追求してきたことである。

岩波新書は、日中戦争下の一九三八年一一月に赤版として創刊された。創刊の辞は、道義の精神に則らない日本の行動を憂慮し、批判的精神と良心的行動の欠如を戒めつつ、現代人の現代的教養を刊行の目的とする、と謳っている。以後、青版、黄版、新赤版と装いを改めながら、合計二五〇〇点余りを世に問うてきた。そして、いままた新赤版が一〇〇〇点を迎えたのを機に、人間の理性と良心への信頼を再確認し、それに裏打ちされた文化を培っていく決意を込めて、新しい装丁のもとに再出発したいと思う。一冊一冊から吹き出す新風が一人でも多くの読者の許に届くこと、そして希望ある時代への想像力を豊かにかき立てることを切に願う。

（二〇〇六年四月）

岩波新書より

法律

- 裁判の非情と人情　原田國男
- 憲法改正とは何だろうか　高見勝利
- 独占禁止法〔新版〕　村上政博
- 密着 最高裁のしごと　川名壮志
- 「法の支配」とは何か 行政法入門　大浜啓吉
- 会社法入門〔新版〕　神田秀樹
- 憲法への招待〔新版〕　渋谷秀樹
- 比較のなかの改憲論　辻村みよ子
- 大災害と法　津久井進
- 変革期の地方自治法　兼子仁
- 原発訴訟　海渡雄一
- 民法改正を考える　大村敦志
- 労働法入門　水町勇一郎
- 人が人を裁くということ　小坂井敏晶
- 知的財産法入門　小泉直樹
- 消費者の権利〔新版〕　正田彬
- 司法官僚 裁判所の権力者たち　新藤宗幸
- 名誉毀損　山田隆司
- 刑法入門　山口厚
- 家族と法　二宮周平
- 憲法とは何か　長谷部恭男
- 良心の自由と子どもたち　西原博史
- 著作権の考え方　岡本薫
- 裁判官はなぜ誤るのか　秋山賢三
- 法とは何か〔新版〕　渡辺洋三
- 民法のすすめ　星野英一
- 日本社会と法　渡辺洋三・甲斐道太郎・広渡清吾・小森田秋夫 編
- 日本の憲法〔第三版〕　長谷川正安
- 憲法と天皇制　横田耕一
- 自由と国家　樋口陽一
- 納税者の権利　北野弘久
- 小繋事件　戒能通孝
- 日本人の法意識　川島武宜

カラー版

- カラー版 国芳　岩切友里子
- カラー版 知床・北方四島　大泰司紀之・本間浩昭
- カラー版 西洋陶磁入門　大平雅巳
- カラー版 すばる望遠鏡の宇宙　海部宣男・宮下曉彦 写真
- カラー版 ブッダの旅　丸山勇
- カラー版 ベトナム 戦争と平和　石川文洋
- カラー版 難民キャンプの子どもたち　田沼武能
- カラー版 細胞紳士録　藤田恒夫・牛木辰男
- カラー版 メッカ　野町和嘉
- カラー版 シベリア動物誌　福田俊司
- カラー版 ハッブル望遠鏡が見た宇宙　野本陽代・R・ウィリアムズ
- カラー版 妖怪画談　水木しげる

岩波新書/最新刊から

1681 **出羽三山** 山岳信仰の歴史を歩く　岩鼻通明 著

修験の聖地、羽黒山。「雲の峰幾つ崩て月の山」と芭蕉が詠んだ主峰、月山。秘所、湯殿山。〈お山〉の歴史と文化を案内。

1682 **アウグスティヌス** 「心」の哲学者　出村和彦 著

ヨーロッパの哲学思想に多大な影響を与えた「西欧の父」。知への愛と探究をとおしてキリスト教の道を歩んだ生涯を描く。

1683 **生と死のことば** 中国の名言を読む　川合康三 著

自分の老い、その先の死、身近な人たちの死にどう向き合うか。孔子、荘子、曹操、陶淵明など先哲、文人がのこしたことばから探る。

1684 **日本問答**　田中優子・松岡正剛 著

日本はどんな価値観で組み立てられてきたのか。デュアル思考で、日本の内なる多様性の魅力を発見する。侃侃諤諤の知の冒険！

1685 **メディア不信** 何が問われているのか　林香里 著

世界同時多発的にメディアやネットの信憑性に注目が集まる時代。独英米日の比較を通して、民主主義を蝕む「病弊」の実像に迫る。

1686 **ルポ 不法移民** アメリカ国境を越えた男たち　田中研之輔 著

一一三〇万もの不法移民が存在するアメリカ。彼らはどんな人たちなのか？ ともに働くことで見えてきた、不法移民たちの素顔。

1687 **会計学の誕生** ―複式簿記が変えた世界―　渡邉泉 著

複式簿記から、貸借対照表、損益計算書、キャッシュ・フロー計算書まで、八〇〇年にわたる会計の世界を帳簿でたどる入門書。

1688 **東電原発裁判** ―福島原発事故の責任を問う―　添田孝史 著

津波の予見は不可能とする東京電力の主張は果たして真実なのか。未曽有の事故の責任をめぐる一連の裁判をレポートする。

(2017.12)